VENTE A PARIS

Lundi 29, Mardi 30 et Mercredi 31 Mai 1911

Hotel Drouot, Salle n° 8

Collection ROUS

Monnaies Grecques

ROMAINES

GAULOISES, FRANÇAISES

COMMISSAIRE-PRISEUR :
Me Émile BOUDIN
14, rue de la Grange-Batelière

EXPERT :
M. Étienne BOURGEY
7, rue Drouot, 7

PARIS

Adresse Télégr. ÉTIENBOURG-PARIS

COLLECTION ROUS

Monnaies Grecques

ROMAINES

GAULOISES, FRANÇAISES

VENTE AUX ENCHÈRES PUBLIQUES

A PARIS, HÔTEL DES COMMISSAIRES-PRISEURS, RUE DROUOT, 9

SALLE N° 8, AU PREMIER ÉTAGE

Les Lundi 29, Mardi 30 et Mercredi 31 Mai 1911

A DEUX HEURES PRÉCISES

EXPOSITION PUBLIQUE

Le Dimanche 28 Mai 1911, de 1 heure ½ à 6 heures

et les 29, 30 et 31 Mai, une heure avant la vente

COMMISSAIRE-PRISEUR :	EXPERT :
Me EMILE BOUDIN	M. ETIENNE BOURGEY
14, Rue de la Grange-Batelière	*7, rue Drouot, 7*

PARIS

ADRESSE TÉLÉGR ÉTIENBOURG-PARIS

Exposition particulière :

Du Lundi 22 au Samedi 27 Mai 1911, chez M. Etienne Bourgey, expert, 7, rue Drouot. (Téléphone 274-64).

Exposition publique :

Le Dimanche 28 Mai 1911, de 1 heure 1/2 à 6 heures et les 29, 30 et 31 Mai, Hôtel des Ventes, Salle 8, une heure avant la vente.

La vente aura lieu au comptant.

Les acquéreurs paieront dix pour cent en sus des enchères.

L'authenticité des pièces est garantie.

M. Etienne Bourgey, 7, rue Drouot, se charge d'exécuter les commissions qui lui seront confiées.

L'ordre du catalogue sera suivi. L'expert se réserve le droit de diviser ou de réunir les lots.

MONNAIES GRECQUES

CAMPANIE

1 **Neapolis** (340-268). Tête de Parthénope à g.; derrière, protomé de panthère à g. ℟. **ΝΕΟΠΟΛΙΤΩΝ**. Taureau androcéphale à dr. couronné par Niké. Didr. Arg. TB.

Voyez planche I.

2 Tête de Parthénope à dr. entourée de dauphins. ℟. Le précédent. Didr. Arg. TB.

Voyez planche I.

CALABRE

3 **Tarente** (400-360). Taras sur le dauphin à g., tenant un canthare et le trident; derrière **ΤΑΡΑΣ**; dessous, un dauphin. ℟. Cavalier à dr. frappant de la lance; dessous, **ΣΑ**. Didr. Arg. Très beau. Bon style.

Voyez planche I.

4 **ΤΑΡΑΣ**. Taras nicéphore sur le dauphin à g. tenant un caducée; derrière **ΝΕ**. ℟. Cavalier galopant à dr., étendant le bras en arrière et couronné par Niké; dessous, **ΚΑΛΛΙΚΡΑΤΗΣ**. Didr. Arg. TB.

Voyez planche I.

5 Taras sur le dauphin à g., tenant Niké et deux hastes, le bouclier au bras g.; derrière, **ΤΑΡΑΣ**; au bas, une ligne d'ondes. ℟. Les Dioscures galopant à g.; au-dessus, **ΦΥ**; à l'exergue **ΣΩΔΑΜΟΣ**. Didr. Arg. TB. Rare.

Voyez planche I.

6 Taras sur le dauphin à g., tenant un hippocampe et le trident. ℞. Cavalier armé à g. — Taras nicéphore à g. ℞. Cavalier galopant à g. Didr. Arg. — Ens. 2 p. B.

7 Taras à g. avec le trident et le bouclier. ℞. Cavalier galopant à dr. frappant de la lance. — Taras à g. avec une corne d'abondance et le trident. ℞. Ephèbe à dr. couronnant son cheval. Didr. Arg. — Ens. 2 p. B. et TB.

8 Taras à g. avec une grappe et une quenouille. ℞. Cavalier casqué galopant à g., portant un bouclier. — Taras à g. avec un canthare et une quenouille. ℞. Cavalier galopant à dr. Didr. Arg. — Ens. 2 p. B.

9 Taras à g., le trident sur l'épaule, couronné par Niké. ℞. Cavalier galopant à dr. — Taras à g. tenant Niké qui le couronne et une corne d'abondance. **ΠΟΛΥ** sous la victoire. ℞. Cavalier à dr., frappant de la lance. Didr. Arg. — Ens. 2 p. B. et TB.

10 Même pièce variée. — Taras à g., les deux mains sur le dauphin. ℞. Cavalier au pas à g., portant un bouclier. Didr. Arg. — Ens. 2 p.

11 **ΠΟΛΥ**. Taras à g. avec Niké et une corne d'abondance. ℞. Cavalier à dr. frappant de la lance. Didr. Arg. TB.

12 Taras à g. avec une quenouille. ℞. Cavalier à dr. frappant de la lance. — Taras à g. avec un canthare et une quenouille. ℞. Cavalier galopant à dr., la main dr. élevée. — Taras à dr. avec trident et corne d'abondance. ℞. Ephèbe sur un cheval au pas à dr., couronné par Niké. Didr. Arg. — Ens. 3 p. B.

13 (360-272). Tète de femme à g. ℞. Enfant nu à dr., couronnant son cheval; devant, **ΦΙ**; dessous, **TA** et un dauphin. Didr. Arg. Très beau.

Voyez planche I.

LUCANIE

14 **Heraclea** (300-268). **ΗΡΑΚΛΕΙΩΝ**. Tête de Pallas à g., le casque corinthien orné d'un Pégase. ℞. **ΦΙΛΟ**. Héraclès nu, debout de face, appuyé sur sa massue. Didr. Arg. TB.

15 Tête de Pallas à dr. avec le casque corinthien à crinière. ℞. **ͰΗΡΑΚΛΕΙΩΝ**. **ΦΙΛΩ**. Héraclès debout de face, appuyé sur sa massue et se couronnant; dans le champ, acrostolium et **ͰΑ**. Didr. Arg. Très beau.

Voyez planche I.

16 **Métaponte** (330-300). Tête de Déméter à dr. ornée d'épis et de bijoux. ℟. Epi avec feuille à dr. surmontée d'une charrue; dessous **ΜΑ**; à g. **ΜΕΤΑ**. Didr. Arg. TB.

17 **Poseidonia** (480-400). Poséidon à dr. brandissant son trident et étendant le bras g.; devant, **ΠΟΜΕΙ**. ℟. Taureau à g. sur une base perlée; au-dessus, **ΔΣΕΜΟΠ**; dessous, une coquille. Didr. Arg. TB.

Voyez planche I.

18 **Sybaris** (vers 510 av. J.-C.). Taureau à g. sur une base perlée, retournant la tête; au-dessous, **VM**. Grènetis. ℟. Même taureau incus. Statère. Arg. TB.

Voyez planche I.

19 **Thurium** (390-350). Tête d'Athéna à dr., le casque orné d'un Scylla. ℟. **ΘΟΥΡΙΩΝ**. Taureau cornupète à dr. sur une ligne perlée; dessous, un poisson. Tétradr. Arg. B.

Voyez planche I.

20 Même droit. ℟. Même taureau debout sur une ligne horizontale. Didr. Arg. TB.

21 **Velia** (500-450). Tête de nymphe à dr., la chevelure crépelée et relevée. ℟. **ΥΕΛΗ**. **Δ**. Chouette à dr. sur une branche de laurier. Drachme. Arg. TB.

Voyez planche I.

22 Même tête de nymphe à g. ℟. **ΥΗΛΕ**. Chouette à g. sur une branche d'olivier. Drachme. Arg. TB.

23 (400-268). Tête d'Athéna à dr., le casque à crinière ailé; derrière, **ΑΙ**. ℟. Lion marchant à dr., dessus, épi entre **Φ-Ι**; au bas, **ΥΕΛΗΤΩΝ**. Didr. Arg. Très beau.

BRUTTIUM

24 **Les Bruttiens** (282-203). Buste de Niké à dr. ℟. **ΒΡΕΤΤΙΩΝ**. Divinité fluviale debout de face, se couronnant et tenant un sceptre; dans le champ, un gouvernail. Octobole. Arg. TB.

25 **Crotone** (470-420). Trépied; à g. **ΚΡΟ**; à dr. une cigogne sur un **Δ**. ℟. Aigle éployé à g. sur une branche d'olivier. Didr. Arg. Très beau. Rare.

Voyez planche I.

26 Trépied; à g., une feuille de lierre; à droite, **ϘΡΟ**. ℟. Aigle à g. se retournant, posé sur une tête de cerf. Didr. Arg. TB.

Voyez planche I.

27 (370-330). Tête laurée d'Apollon à dr., avec longue chevelure. ℞. ΚΡΟ. Trépied. Didr. Arg. B.

Voyez planche I.

28 **Locri Epizephyrii** (332-326). ΛΟΚΡΩΝ. Tête laurée de Zeus à g. ℞. Aigle à g., déchirant un lièvre. Didr. Arg. TB.

Voyez planche I.

29 (300-280). ΛΟΚΡΩΝ. Foudre horizontal. ℞. Le précédent. Didr. Arg. TB.

Voyez planche I.

30 **Rhegium** (476-415). Scalp de lion de face dans un grènetis. ℞. Jeune homme à demi-nu, assis à g. sur un siège sans dossier, la main dr. sur un sceptre et la g. appuyée sur le siège; devant, ƧOИIƆƎЯ; le tout dans une couronne d'olivier. Tétradr. Arg. TB. Rare.

Voyez planche I.

31 (415-387). ΡΗΓΙΝΟΣ. Tête laurée d'Apollon à dr.; derrière, double feuille de laurier. ℞. Scalp de lion de face, de haut relief. Tétradr. Arg. Très beau. Rare.

Voyez planche I.

32 **Terina** (440-400). Tête de Térina à g., la chevelure ondulée, dans une couronne de laurier. ℞. ΤΕΡΙΝΑΙΟΝ. Niké assise à g.; à côté d'elle, une hydrie renversée. Didr. Arg. T. B. mais piquée.

Voyez planche I.

33 Tête de Térina à dr. avec bandelette brodée; autour, ΤΕΡΙΝΑΙΟΝ peu visible. ℞. Niké assise à g. sur un cippe, la main dr. sur un caducée. Didr. Arg. B.

Voyez planche II.

SICILE

34 **Agrigente** (472-415). Aigle au repos à g.; derrière, ΑΚΡΑϹ; devant, ΑИΤΟΣ. ℞. Crabe. Tétradr. Arg. TB.

35 **Catane** (461-415). ΚΑΤΑΝΑΙΟΝ. Tête laurée d'Apollon à dr. ℞. Femme dans un quadrige au pas à dr. Tétradr. archaïque. Arg. Très beau. Rare.

Voyez planche I.

36 **Gela** (avant 466). ΓΕΛΑΣ. Protomé de taureau androcéphale à g. ℞. Femme conduisant un quadrige à g.; au-dessus, Niké couronnant les chevaux. Tétradr. Arg. TB.

Voyez planche II.

37 (466-415). Même type à dr.; au-dessus, un grain d'orge; au bas, **ϟΑΛΕΓ**. ℞. Femme dans un quadrige au galop à g.: au-dessus, aigle volant à g.; au bas, un épi. Tétradr. Arg. TB. Le revers un peu oxydé). Très rare.

Voyez planche II.

38 (415-405). Même type à dr.; dessous, **CΕΛΑ**. ℞. Cavalier nu, casqué, galopant à dr. et brandissant un javelot. Didr. Arg. TB.

39 **Heraclea Minoa** (409-308). Tête de Déméter à dr. avec collier et pendants d'oreilles, entourée de trois dauphins. ℞. Quadrige au galop à dr.; à l'exergue, légende punique. Tétradr. Arg. Très beau. Rare.

Voyez planche II.

40 Variété; les cheveux de Déméter en tire-bouchons derrière la tête. ℞. Le précédent, mais l'un des chevaux retourne la tête; légende peu visible. Tétradr. Arg. Très beau.

Voyez planche II.

41 **Leontini** (466-422). Tête laurée d'Apollon à dr. ℞. **ΛΕΟΝΤΙΝΟΝ**. Tête de lion à dr. entre quatre grains d'orge. Tétradr. Arg. Très beau.

Voyez planche II.

42 Variété d'un autre coin. Tétradr. Arg. Très beau.

Voyez planche II.

43 Tête laurée d'Apollon à g. ℞. **LEON**. Type du précédent. Drachme. Arg. B. Rare.

Voyez planche II.

44 **Messana** (420-396). **ΜΕΣΣΑΝΙΟΝ**. Lièvre courant à dr.; dessous, un dauphin. ℞. **ΜΕΣΣΑΝ**. Messane à dr. dans un bige de mules. Tétradr. Arg. Très beau.

Voyez planche II.

45 **ΜΕΣΣΑΝΙΟΝ**. Lièvre courant à dr.; dessous, une cigale. ℞. Bige de mules au pas à dr; dessous, un poisson. Tétradr. Arg. B.

Voyez planche II.

46 **Naxos** (415-403). Tête barbue et couronnée de lierre de Dionysos à dr. ℞ **ΝΑΧΙΟΝ**. Silénos nu accroupi de face, une main contre le sol, la dr. tenant le canthare. Drachme. Arg. Très belle. Rare.

Voyez planche II.

47 **Panorme**. *Domination carthaginoise* (410-308). Lég. punique (Kart-Chadarat). Partie antérieure de cheval bridé galopant à dr.: au dessus, Niké volant à dr. ℞. Lég. punique (Machanat). Palmier Tétradr. Arg. TB. Rare.

Voyez planche II.

48 Tête de Perséphone couronnée de roseaux à g.; autour, quatre dauphins. ℟. Buste de cheval à g.; derrière, un palmier; dessous, un *mem* punique. Tétradr. Arg. Très beau.

Voyez planche II.

49 Tête de Perséphone à dr.; devant, un thymiatérion. ℟. Cheval marchant à dr.; au fond, un palmier; devant, un caducée; dessous, deux lettres puniques. Tétradr. Arg. Très beau.

Voyez planche II.

50 **Ségeste** (480-461). Tête archaïque de la nymphe Ségesta dans un champ concave. ℟. **ΣΕΓΕΣΤΑ** (rétrograde). Chien quêtant à dr. Didr. Arg. B.

Voyez planche II.

51 **Selinos** (466-415). **ΣΕΛΙΝΟΝΤΙΟΝ**. Le fleuve Sélinos nu, sacrifiant à g. sur l'autel d'Asclépios orné d'un coq et tenant la branche lustrale; derrière lui, un taureau cornupète sur un piédestal et une feuille d'ache. ℟. Artémis et Apollon tirant de l'arc dans un bige au pas à dr. Tétradr. Arg. Très beau. Très rare.

Voyez planche III.

52 **Syracuse** (478-467). **ΣΥΡΑΚΟΣΙΟΝ**. Tête de Niké à dr. entre quatre dauphins, les cheveux horizontaux sur la tête et transversaux dans la queue, passée dans le diadème. ℟. Quadrige à dr., les chevaux couronnés par Niké planant à dr. Tétradr. Arg. B.

53 Variété, la tête moins petite, les bandeaux ondulés sur le front. ℟. Quadrige à dr.; au-dessus, Niké volant à g. couronne l'aurige; à l'exergue, un serpent. Tétradr. Arg. TB.

54 Autre variété, la tête plus grosse, les cheveux ondulés dans la queue. ℟. Quadrige à dr.; au-dessus, Niké volant à dr. couronne les chevaux; à l'exergue, un serpent. Tétradr. Arg. Très belle pièce. Rare.

Voyez planche III.

55 Même lég. et même tête entre trois dauphins. ℟. Cavalier barbu, nu, allant à droite au pas. Didr. Arg. AB. Rare.

56 (466-412). Même lég. Tête de Niké à dr., les cheveux transversaux sur la tête, ondulés sur le front et bouffant en trois coques derrière la tête; autour, quatre dauphins. ℟. Quadrige au pas à dr.; au-dessus, Niké volant à dr. couronne les chevaux; au bas, un serpent. Tétradr. Arg. TB.

Voyez planche III.

57 Même lég. Tête à dr. avec le saccos et un diadème orné d'un méandre; autour, quatre dauphins. ℞. Bige à dr.; au-dessus, Niké volant à g. couronne l'aurige; rien à l'exergue. Tétradr. Arg. Très belle et rare.

Voyez planche III.

58 La même pièce variée. Tétradr. Arg. TB.

Voyez planche III.

59 (415-405). **ΣΥΡΑ**. Tête d'Héraclès jeune à g. avec la peau de lion. ℞. **Σ. Υ. Ρ. Α.** dans les quartiers d'un carré incus, ayant au centre une tête de femme à g. contenue dans un cercle incus. 20 litra. Or. TB.

Voyez planche III.

60 (405-317). **ΣΥΡΑΚΟΣΙΩΝ**. Tête de femme à gauche, entourée de quatre dauphins; sous le cou **ΕΥΜΕΝΟΥ**. ℞. Quadrige au galop à dr.; au-dessus, Niké volant à g., apporte une couronne à l'aurige et tient une tablette avec **ΕΥΑΙΝΕΤΟ**.; à l'exergue, deux dauphins. Tétradr. Arg. B. Très rare.

Voyez planche III.

61 Tête de Coré à g. avec roseaux; autour, trois dauphins; sous le cou. **ΝΚ**. ℞. Quadrige au galop à g.; au-dessus, la triquetra; à l'exergue, **ΣΥΡΑΚΟΣΙΩΝ**. Ꞥ. Tétradr. Arg. TB.

Voyez planche III.

62 Tête de Niké à g. ceinte d'un bandeau, tous les cheveux volant; autour, quatre dauphins. ℞. Quadrige au galop à g., l'aurige couronné par Niké volant à dr.; à l'exergue, un dauphin. Tétradr. Arg. Très belle pièce. Rare.

Voyez planche III.

63 Tête laurée d'Apollon à g.; derrière, une étoile. ℞. **ΣΥΡΑΚΟΣΙΩΝ**. Trépied. 50 litra. Electrum. Très beau.

Voyez planche III.

64 (345-317). Tête de Pallas à g. avec le casque corinthien à aigrette. ℞. **ΣΥΡΑΚΟΣΙΩΝ**. Artémis debout à g., tirant de l'arc; à ses pieds, un chien bondissant; dans le champ, **ΥΑ. ΣΑ**. 12 litra. Arg. TB.

Voyez planche III.

65 **Rois de Syracuse**. *Hicétas*. (287-278). Tête de Perséphone à g., les cheveux flottants, une mouche derrière la tête. ℞. **ΣΥΡΑΚΟΣΙΩΝ**. Quadrige au galop à g..; au-dessus, une étoile. 15 litra. Arg. TB. Très rare.

Voyez planche III.

66 *Hiéron II.* (275-216). Tête de Perséphone à g. ℞. **ΙΕΡΩΝΟΣ**. Bige au galop à dr. 50 litra. Or. Très belle et rare.

Voyez planche III.

67 *Philistis.* Sa tête voilée à g. ℞. **ΒΑΣΙΛΙΣΣΑΣ ΦΙΛΙΣΤΙΔΟΣ**. Niké dans un quadrige au galop à dr.; au-dessus, un croissant; au bas, une épée. 16 litra. Arg. TB.

Voyez planche III.

68 Même droit. ℞. Même lég. Niké dans un bige au galop à dr. 5 litra. Arg. Très belle. Très rare.

Voyez planche III.

69 *Hiéronyme.* (216-215). Tête diadémée d'Hiéronyme à g. ℞. **ΒΑΣΙΛΕΩΣ ΙΕΡΟΝΥΜΟΥ**. Foudre ailé; au-dessus, **ΚΙ**. 10 litra. Arg. TB.

Voyez planche III.

THRACE

70 **Byzantium** (vers 350 av. J.-C.). **ΠΥ**. Bœuf debout à g., devant, un monogr.; dessous, un poisson. ℞. Aire en creux, divisée en quatre cantons pointillés. Tétradr. Arg. B. Rare.

71 **Chersonesos** (480-350). Protomé de lion à dr., retournant la tête. ℞. Carré divisé en quatre parties dont deux creuses, contenant un globule et une feuille. Hémi-drachme. Arg. TB.

72 **Maronea** (IIe siècle av. J.-C.) Tête de Dionysos jeune, couronnée de lierre, à dr. ℞. **ΔΙΟΝΥΣΟΥ ΣΩΤΗΡΟΣ ΜΑΡΩΝΙΤ**. Dionysos nu, debout à g., tenant une grappe et deux férules; dans le champ, 2 monogr. Tétradr. Arg. Très belle pièce.

Voyez planche IV.

73 **Thasos** (*Ile*). (465-411). Silénos nu à dr., un genou en terre, tenant une nymphe dans ses bras. ℞. Carré incus formé de 4 parties inégales. Statère. Arg. TB.

74 (Avant 146). Tête de Dionysos jeune, couronné de lierre, à dr. ℞. **ΗΡΑΚΛΕΟΥΣ ΣΩΤΗΡΟΣ ΘΑΣΙΩΝ**. Héraclès nu, debout à g., appuyé sur sa massue; dans le champ, **ΔΙ**. Tétradr. Arg. Très beau.

75 **Rois de Thrace.** *Lysimaque.* (323-281). Tête diadémée et cornue d'Alexandre à dr. ℞. **ΒΑΣΙΛΕΩΣ ΛΥΣΙΜΑΧΟΥ**. Pallas nicéphore assise à g., appuyée sur son bouclier; dans le champ **ΘΕ** et corne d'abondance (Coela). Statère. Or. Très beau.

Voyez planche IV.

76 Variété d'un autre style; dans le champ, K. (Ville incertaine). Statère. Or. Très belle pièce.

Voyez planche IV.

77 Mêmes types; dans le champ, deux monogr. Tétradr. Arg. TB. Bon portrait.

MACÉDOINE

78 **Acanthos** (500-424). Lion à droite, terrassant un taureau tourné à gauche sur une base perlée; grènetis. ℟. Carré incus, divisé en quatre parties. Tétradr. Arg. Très beau. Rare.

Voyez planche IV.

79 (424-400). Droit varié et d'un autre style, sans la base perlée. ℟. **AKANΘION** autour de quatre élévations granulées renfermées dans des carrés, le tout dans un carré incus. Tétradr. Arg. B. Rare.

Voyez planche IV.

80 Protomé de taureau à g., retournant la tête. ℟. Carré incus, divisé en 4 parties sablées. Tétrobole. Arg. TB.

81 **Eion** (500-437). Oie à dr., retournant la tête vers un lézard; au bas, **H**; grènetis. ℟. Carré incus en quatre compartiments. Diobole. Arg. TB.

82 **Lete** (500-480). Satyre nu, barbu, debout à dr., arrêtant une nymphe par le bras et lui caressant le menton; dans le champ, deux globules. ℟. Carré incus bombé, divisé en quatre triangles. Statère. Arg. Très beau.

Voyez planche IV.

83 Satyre assis à dr.; dans le champ, trois globules. ℟. Carré incus. Trihémiobole. Arg. TB.

84 **Neapolis** (500-411). Gorgoneïon. ℟. Carré incus divisé en ailes de moulin. Statère. Arg. TB.

Voyez planche IV.

85 Même pièce variée. Statère. Arg. B.

86 (411-350). Gorgoneïon. ℟. **NEO**. Tête de Nikè à dr., dans un cercle incus. Hémidr. Arg. Très belle.

Voyez planche IV.

87 **Orthagoria** (400-350). Tête d'Artémis pharétrée. à dr. ℟. **ΟΡΘΑΓΟ-ΡΕΩΝ**. Casque macédonien avec paragnathides, surmonté d'une étoile; dessous, **H**. Statère. Arg. Très beau.

Voyez planche IV.

88 **Rois de Macédoine**. *Pausanias*. (390-389). Tête diadémée à dr. ℟. ΠΑΥΣ-ΝΙ-Α. Cheval passant à dr. dans un carré ligné. Statère. Arg. AB. Rare.

89 *Amyntas III*. (389-383). Tête barbue d'Héraclès à dr., couverte de la peau de lion. ℟. ΑΜΥΝΤΑ. Cheval debout à dr. dans un carré incus. Statère. Arg. B. Rare.

90 *Philippe II*. (359-336). Tête laurée d'Apollon à dr. ℟. ΦΙΛΙΠΠΟΥ. Bige au galop à dr.; dessous, un grain d'orge (Crithote). Statère. Or. Très beau.

Voyez planche IV.

91 Variété; sous le bige, un foudre (Pella). Statère. Or. TB.

Voyez planche IV.

92 Tête laurée de Zeus à dr. ℟. ΦΙΛΙΠΠΟΥ. Cavalier nu passant à dr., tenant une longue palme; sous le cheval, monogramme [Α]. Distatère. Arg. Très beau. Beau style.

Voyez planche IV.

93 Variété; sous le cheval, abeille et proue. (Mélita). Distatère. Arg. Très beau.

Voyez planche IV.

94 Même droit. ℟. ΦΙΛΙΠ (derrière) ΠΟΥ (devant). Cavalier avec chapeau macédonien, levant la main dr. sur un cheval au pas à g.; devant, un arc. Distatère. Arg. TB.

95 Tête d'Apollon à dr.. ℟. ΦΙΛΙΠΠΟΥ. Cavalier nu galopant à dr.; dessous, Α dans une couronne. Tétrobole. Arg. Très belle.

96 Autre avec le monogr. ΑΠ. Tétrobole. Arg. Très belle.

97 *Alexandre III*. (336-323). Tête de Pallas à dr., le casque orné d'un serpent. ℟. ΑΛΕΞΑΝΔΡΟΥ. ΒΑΣΙΛΕΩΣ. Niké marchant à g., tenant une couronne et un trident; devant, un casque (Mesembria). Statère. Or. Très belle pièce. FDC.

Voyez planche IV.

98 Autre; devant Niké, ΜΙ; derrière, monogramme dans une couronne (Thrace, Macédoine et Thessalie). Statère. Or. TB.

Voyez planche IV.

99 Tête d'Héraclès jeune, couverte de la peau de lion, à dr. ℟. ΑΛΕΞΑΝΔΡΟΥ. Zeus aétophore assis à g.; devant, Ε. (Terone). (Muller 181). Tétradr. Arg. TB.

100 Variété; dans le champ et sous le siège un monogr. (Ville incertaine). (M. 1599 var.) Tétradr. Arg. Très beau.

101 Autre variété avec ΒΑΣΙΛΕΩΣ ΑΛΕΞΑΝΔΡΟΥ. Dans le champ, monogr. (Grèce) (M. 860). Tétradr. Arg. TB.

102 Autre avec monogr. différent (Grèce) (M. 863). Tétradr. Arg. TB.

103 *Philippe III.* (323-316). Tête d'Héraclès jeune avec la peau de lion à dr. ℟. **ΦΙΛΙΠΠΟΥ ΒΑΣΙΛΕΩΣ.** Zeus aétophore assis à g. ; devant, une roue et **A** ; sous le siège, un monogr. (Acanthos). Tétradr. Arg. Très beau.

Voyez planche IV.

104 *Démétrius I Poliorcète* (306-283). Sa tête cornue et diadémée à dr. ℟. **ΒΑΣΙΛΕΩΣ ΔΗΜΗΤΡΙΟΥ.** Poséidon debout à g., appuyé sur son trident, le pied dr. sur un rocher. Tétradr. Arg. Très beau.

Voyez planche IV.

105 Niké sonnant de la trompette, debout à g. sur une proue. ℟. **ΔΗΜΗΤΡΙΟΥ ΒΑΣΙΛΕΩΣ.** Poséidon nu, combattant à g. avec son trident, le manteau enroulé autour du bras g. ; dans le champ, monogr. Tétradr. Arg. Très beau.

Voyez planche IV.

106 *Antigone Gonatas.* (277-239). Tête de Pan à g. sur un bouclier macédonien. ℟. **ΒΑΣΙΛΕΩΣ ΑΝΤΙΓΟΝΟΥ.** Athéna debout à g., couverte de son bouclier et lançant la foudre ; dans le champ, casque à aigrettes et **KT**. Tétradr. Arg. TB.

107 *Philippe V* (220-179). Tête du héros Persée avec le casque phrygien à g. sur un bouclier macédonien. ℟. **ΒΑΣΙΛΕΩΣ ΦΙΛΙΠΠΟΥ** et massue dans une couronne de chêne. Tétradr. Arg. Très beau.

Voyez planche V.

108 *Persée.* (178-168). Sa tête diadémée à dr. ℟. **ΒΑΣΙΛΕΩΣ ΠΕΡΣΕΩΣ.** Aigle éployé sur un foudre à dr. ; devant, **ΞΟ** en monogr. ; le tout dans une couronne de chêne ; au bas une étoile. Tétradr. Arg. Très belle pièce.

Voyez planche V.

109 **Macédoine sous les Romains** (158-146). Buste d'Artémis à dr. sur un bouclier macédonien. ℟. **ΜΑΚΕΔΟΝΩΝ ΠΡΩΤΗΣ.** Massue et monogr. **P** dans une couronne de chêne. Tétradr. Arg. TB.

110 Variété avec trois monogrammes. Tétradr. Arg. Très beau.

111 (Vers 146). Buste d'Artémis pharétrée à dr. sur un bouclier macédonien. ℟. **ΜΑΚΕΔΟΝΩΝ. LEG.** Main tenant une branche d'olivier et massue dans une couronne de chêne avec glands. Tétradr. Arg. Très belle pièce.

Voyez planche V.

112 (Vers 89). **ΜΑΚΕΔΟΝΩΝ**. Tête cornue d'Alexandre le Grand, les cheveux flottants, à dr. ℞. **AESILLAS Q**. Massue entre un coffret et un siège curule, dans une couronne d'olivier. Tétradr. Arg. Très beau.

113 **Rois de Paeonie.** *Patraios.* (340-315). Tête laurée à dr. ℞. Cavalier galopant à dr., frappant de sa lance un ennemi renversé ; dans le champ, un foudre et un sceptre. Distatère. Arg. B.

Voyez planche V.

114 *Audoléon* (315-286). Tête d'Athéna de face avec un casque à triple aigrette. ℞. **ΑΥΔΩΛΕΟΝΤΟΣ**. Cheval passant à dr. ; dessous, monogr. ✗. Distatère. Arg. Très beau.

Voyez planche V.

THESSALIE

115 **Les Thessaliens** (196-146). Tête laurée de Zeus à dr. ℞. **ΘΕΣΣΑ-ΛΩΝ**. Pallas combattant à dr. ; au dessus, **ΜΙΜΝΟΜΑΧΟΥ** ; au dessous, **ΦΙΛΟΞΕΝΟΣ**. Double victoriat. Arg. TB.

116 Même type. Au dessus de Pallas. **ΑΚΥΛΛΟΥ** ; au dessous, **ΠΕΤΡΑΙΟΣ**. Double victoriat. Arg. Très beau. Très beau style.

Voyez planche V.

117 Autre avec **ΘΥΠΑΛΙΔ**. et **ΗΓΗΣΑΡΕΤΟΥ** ; dans le champ **ΚΑ**. Double victoriat. Arg. TB.

118 **Larissa** (480-450). Homme nu, le manteau flottant, domptant un taureau à g. ℞. **ΛΑΡΙ ΣΑΙΑ**. Cheval galopant à dr. dans un carré incus. Drachme. Arg. Très belle.

Voyez planche IV.

119 Ephèbe à dr.; tenant par les cornes une protomé de taureau ; derrière, **ΟΣ**. ℞. **ΛΑΡΙΣΑΙ**. Protomé de cheval bridé à dr. dans un carré incus. Hémidr. Arg. TB.

120 (400-344). Tête de la nymphe Larissa à g., les cheveux enroulés. ℞. **ΛΑΡΙΣΑΙΑ**. Cheval bridé galopant à dr. Drachme. Arg. Très belle. *Voyez planche IV.*

121 Tête de Larissa de trois quarts à g, ℞. **ΛΑΡΙΣ**. au bas, **ΑΙΩΝ**. Cheval paissant à dr. Drachme. Arg. Très belle.

Voyez planche V.

122 **Oeta** (400-344). Tête de lion à g., mordant un fer de lance. ℞. **ΟΙΤΑ-ΙΩΝ**. Héraclès nu, debout de face, tenant sa massue des deux mains. Hémidr. Arg. Très belle.

Voyez planche IV.

123 **Tricca** (480-400). Ephèbe à dr., retenant par les cornes un taureau vu à mi-corps. ℟. ΤΡΙΚΚΑΙΟΝ. Partie antérieure d'un cheval galopant à dr. Hémidr. Arg. TB.

Voyez planche IV.

ILLYRIE

124 **Dyrrachium** (229-100). Vache à dr. allaitant son veau, au dessus, monogr. ℟. ΔΥΡ. ΠΑΝΚΡΑΤΕΥΣ. Double carré étoilé. Drachme. Arg. Très belle.

Voyez planche V.

EPIRE

125 **Molossi** (vers 340). ΜΟΛΟΣΣΩΝ. Bouclier chargé d'un foudre. ℟. Foudre dans une couronne de laurier. Br. 18 mm. Très beau. Rare.

CORCYRE

126 (585-500). Vache debout à g., retournant la tête et allaitant son veau. ℟. Κ. Double carré étoilé. Statère. Arg.; de style rude à haut relief. TB.

Voyez planche V

127 (400-300). Même type varié. Statère. Arg. Très beau.

Voyez planche V.

128 (300-229). ΚΟΡΚΥΡΑΙ. Partie antérieure d'une vache à dr. ℟. Carré oblong divisé en 2 parties, renfermant chacune une étoile, entre une grappe et un canthare. Drachme. Arg. B.

129 Tête casquée de Pallas à dr. ℟. ΚΟ. Grappe de raisin dans une couronne de lierre. Hémidr. Arg. TB.

ACARNANIE

130 **Leucas** (500-430). Tête archaïque de Pallas casquée à dr., les cheveux en queue, dans un carré incus. ℟. Λ. Pégase, les ailes recroquevillées, galopant à g. Didr. Arg. Très beau.

Voyez planche V.

ETOLIE

131 **Les Etoliens** (279-168). Tête laurée et diadémée du héros Aetolos à dr. ; dessous, **ΦΙ**. ℞. **ΑΙΤΩΛΩΝ**. Aetolos nu debout à g., le chapeau pendu au dos, l'épée sous le bras g., la main dr. sur un épieu et le pied dr. sur un rocher ; dans le champ, un monog. Statère. Arg. TB.

Voyez planche V.

LOCRIDE

132 **Locri Opontii** (387-369). Tête de Perséphone à dr. ℞. **ΟΠΟΝΤΙΩΝ**. Ajax nu et casqué, combattant à dr. avec l'épée et le bouclier. Drachme. Arg. B.

133 Tête de Perséphone à g. ℞. Le précédent. Tétrobole. Arg. TB.

134 **ΟΠΟΝ**. Amphore surmontée de 2 branches de lierre. ℞. Etoile à 16 rais. Obole. Arg. Très belle.

135 Tête de Pallas à dr. avec casque corinthien. ℞. **ΛΟΚΡΩΝ**. Ajax combattant à dr. Tétrobole. Arg. TB.

Voyez planche V.

PHOCIDE

136 (357-346). Tête de bœuf de face. ℞. **ΦΩ**. Tête laurée d'Apollon à dr. ; derrière, une branche de laurier, dans un champ concave. Hémidr. Arg. B.

BÉOTIE

137 **Les Béotiens** (220-197). Tête de Déméter, couronnée d'épis, de trois-quarts à dr. ℞. **ΒΟΙΩΤΩΝ**. Poséidon nu, debout à dr., appuyé sur son sceptre et tenant un dauphin. Drachme. Arg. TB.

138 Tête laurée de Poséidon à dr. ℞. **ΒΟΙΩΤΩΝ**. Niké debout à g., tenant une couronne et un trident. Drachme. Arg. TB.

139 **Thèbes** (379-338). Bouclier béotien. ℞. Amphore ; au dessus, une massue ; dans le champ : **ΔΑΜ. ΚΑ**. Statère. Arg. TB.

ATTIQUE

140 **Athènes** (594-527). Tête d'Athéna à dr., de style primitif, l'œil de face, la chevelure crêpelée, la crête du casque ornée de points séparés par des traits. ℞. ΘE. Chouette debout de face dans un carré incus ; à l'angle supérieur gauche, trois feuilles d'olivier. Tétradr. Arg. TB.

Voyez planche V.

141 (527-430). Tête d'Athéna à dr., de style archaïque postérieur, l'œil de profil, la chevelure en bandeaux. ℞. AΘE. Chouette à dr., regardant de face, dans un carré incus ; à l'angle g. du haut, trois feuilles d'olivier. Tétradr. Arg. TB.

Voyez planche V.

142 Même tête d'Athéna. ℞. A—EΘ. Chouette debout de face, entre deux branches d'olivier retombant du haut. Triobole. Arg. TB.

Voyez planche V.

143 (430-322). Tête d'Athéna à dr., le casque orné de trois feuilles d'olivier. ℞. AΘE. Chouette à dr., regardant de face ; derrière, croissant et deux feuilles d'olivier. Tétradr. Arg. TB.

144 (220-197). Tête de l'Athéna de Phidias à dr. ℞. Chouette sur une amphore dans une couronne d'olivier ; dans le champ, AΘE., deux monogr. et les bonnets des Dioscures. Tétradr. Arg. B.

145 (186-147). Même tête. ℞. AΘE. Même chouette ; dans le champ, ΜΙΚΙΩΝ. ΕΥΡΥΚΛΕΙ. ΑΡΙΣΤΟ et les Dioscures debout, le tout dans une couronne d'olivier. Tétradr. Arg. TB.

146 **Egine** (700-550). Tortue de mer, une ligne perlée le long de la carapace. ℞. Carré creux divisé en lignes irrégulières. Statère. Arg. TB. *Voyez planche V.*

147 (480-431). Tortue de terre, la carapace écaillée. ℞. Carré creux divisé en cinq parties par des lignes minces. Statère. Arg. TB.

Voyez planche V.

PÉLOPONNÈSE

148 **Corinthe** (500-431). Tête de Pallas casquée à dr., la chevelure en queue, dans un carré incus. ℞. Ϙ. Pégase volant à dr., les ailes recroquevillées. Statère archaïque. Arg. Très beau.

Voyez planche V.

149 (350-338). Tête casquée de Pallas à g. ; derrière, une couronne. ℞. Ϙ. Pégase, les ailes droites, galopant à g. Didr. Arg. Très beau.

150 **Sicyone** (400-300). Chimère à g., au dessus, une couronne ; dessous **ΣΕ**. ℞. Colombe volant à g. dans une couronne d'olivier; devant, **N**, Statère. Arg. TB.

Voyez planche V.

151 Variété ; devant la colombe, **I**. Statère. Arg. B.

152 **Ligue Achéenne** (280-146). Tête de Zeus à dr. ℞. Monogr. achéen dans une couronne. Hémidr. de *Megara, Elis, Lacedaemon* et *Tegea*. Arg. — Ens. 4 p. TB.

153 **Elis** (362-312). **ϜΑ**. Tête de Héra à dr. ℞. Aigle éployé à droite, retournant la tête, dans une couronne d'olivier sauvage. Statère. Arg. B. Beau style.

Voyez planche VI.

154 Tête de Héra à dr., avec **ϜΑΛΕΙΩΝ** sur le stéphanos. ℞. Aigle éployé à g. sur un bouclier et regardant en arrière, dans une couronne d'olivier. Statère. Arg. B. Rare.

BOSPHORE

155 (1er siècle av. J.-C.). Tête de Dionysos jeune, couronnée de lierre, à dr. ℞. Étui à arc et carquois; à g. monogramme. (British Mus. XVIII. 16). Br. 25 ‰. Très beau.

156 **Rois du Pont et du Bosphore**. *Mithridate VI.* (121-63). Sa tête diadémée à dr. ℞. **ΒΑΣΙΛΕΩΣ ΜΙΘΡΑΔΑΤΟΥ ΕΥΠΑΤΟΡΟΣ**. Pégase à g. buvant; devant lui, étoile et croissant; derrière, **ΘΣ** et monogr., le tout dans une couronne de lierre. Tétradr. Arg. TB. Rare.

Voyez planche VI.

157 *Asandre* (47-16). Sa tête diadémée à dr. ℞. **ΒΑΣΙΛΕΩΣ. ΑΣΑΝΔΡΟΥ**. Niké debout à g., tenant une couronne et une palme; dans le champ, **ΑΚ**. Statère. Or. TB. Rare.

Voyez planche VI.

158 *Polémon II.* (38-63 de J.-C.). Sa tête diadémée à dr. ℞. Tête laurée de Néron à dr. Drachme. Arg. 2 p. variées. B.

159 **Rois du Bosphore**. *Mithridate* (42-46). *Rhadamsadès* (309-323). *Rhescuporis VI* (304-342). Br. Ens. 3 p. B.

PONT

160 **Amisus**. *Adrien*. Drachmes variées. Arg. — Ens. 4 p.

PAPHLAGONIE

161 **Sinope** (480-430). Tête d'aigle à g.; dessous, un dauphin. ℞. Carré incus granulé, dont deux parties bombées. Statère réduit. Arg. TB.

162 (333-306). Tête de Sinope à g.; devant, un aplustre; grènetis. ℞. ΣΙΝ. Aigle de mer debout à g. sur un dauphin; derrière l'aigle, ΘΕΟ. Drachme. Arg. B.

163 Même droit. ℞. Même aigle; au-dessus, ΑΡΙΣΤΟΣ; au bas, ΣΙΝΩ. Drachme. Arg. Très belle.
Voyez planche VI.

BITHYNIE

164 **Calchédon** (400-350). ΚΑΛΧ. Taureau debout à g.; devant, monogr. ΤΥ. ℞. Carré incus granulé, divisé en quatre parties. Statère. Arg. Très beau. Très rare.
Voyez planche VI.

165 **Cius** (330-300). Tête d'Apollon à dr. ℞. ΠΡΟΞΕΝΟΣ. Proue à g. Hémidr. Arg. TB.

166 **Heraclea Pontica** (394-353). Tête barbue d'Héraclès avec la peau de lion à g. ℞. ΗΡΑΚΛΕΙΑ. Carquois, arc et massue. Trétrobole. Arg. TB.
Voyez planche VI.

167 Même droit. ℞. ΗΡΑΚΛΕΙΑ. Massue. Trihémiobole. Arg. Très belle. *Voyez planche VI.*

168 **Rois de Bithynie.** *Prusias I* (228-180). Sa tête diadémée avec favoris à dr. ℞. ΒΑΣΙΛΕΩΣ ΠΡΟΥΣΙΟΥ. Zeus debout à g., couronnant le nom du roi et appuyé sur un sceptre; dans le champ, un foudre et deux monogr. Tétradr. Arg. Très beau. Rare. *Voyez planche VI.*

MYSIE

169 **Cyzique** (400-330). Tête de Coré Soteira voilée et couronnée d'épis à g. ℞. ΚΥΖΙ. Tête de lion à g.; dessous, un thon. Statère. Arg. B. Très rare.
Voyez planche VI.

170 (330-280). Tête de Coré Soteira à g. ℞. ΚΥΖΙ. Apollon à demi-nu, assis à g. sur l'omphalos, tenant une patère et appuyé sur une lyre; devant, une grappe. Statère. Arg. Très belle et très rare pièce. *Voyez planche VI.*

171 **Lampsaque** (500-450). Tête janiforme de femme. ℞. Tête casquée de Pallas à g., dans un carré incus. Drachme. B. — (394-330). Même tête janiforme. ℞. ΛΑΜ. Tête de Pallas à dr. Hémidr. Arg. — Ens. 2 p. B.

172 **Parium** (400-300). Gorgoneïon. ℞. ΠΑΡΙ. Taureau debout à g., retournant la tête. Hémidr. Arg. Très belle.

173 **Rois de Pergame.** *Eumène II* (197-159). Tête laurée de Philétaire à dr. ℞. Athéna assise à g. près d'un bouclier, tenant une couronne élevée au-dessus du nom ΦΙΛΕΤΑΙΡΟΥ et une haste; dans le champ, une grappe de raisin et Α; derrière Athéna, un arc. Tétradr. Arg. TB. Bon portrait.

Voyez planche VI.

174 Variété; dans le champ, une palme et le monogr. ΕΥΜΕ. Tétradr. Arg. Très beau.

Voyez planche VI.

175 Autre variété avec ΕΥΜΕ, sans la palme, Tétradr. Arg. TB.

Voyez planche VI.

TROADE

176 **Tenedos** (*Ile*), (après 200). Double tête; celle de g. barbue et celle de dr. imberbe. ℞. ΤΕΝΕΔΙΩΝ. Bipenne entre une grappe et les bonnets des Dioscures, dans une couronne de laurier. Drachme. Arg. Très belle. Rare.

Voyez planche VI.

EOLIDE

177 **Cymé** (après 190). Tête de l'amazone Cymé à dr., un ruban dans les cheveux. ℞. ΚΥΜΑΙΩΝ. Cheval debout à dr., un pied levé sur un vase; dessous, ΚΑΛΛΙΑΣ; le tout dans une couronne de laurier. Tétradr. Arg. TB.

178 Variété; sous le cheval, ΜΗΤΡΟΦΑΝΗΣ. Tétradr. Arg. TB.

179 **Myrina** (depuis 197). Tête laurée d'Apollon à dr., la chevelure tombant en trois boucles sur le cou. ℞. ΜΥΡΙΝΑΙΩΝ. Apollon debout à dr., tenant une patère et une branche lustrale; devant lui, l'omphalos et une amphore; derrière, Κ; le tout dans une couronne de laurier. Tétradr. Arg. TB.

180 **Lesbos** (*Ile*). (480-440). Tête de lion à dr. ℞. Tête de veau incuse à dr. Hecté. Electrum. Très belle.

Voyez planche VI.

181 (440-350). Tête de Zeus Ammon imberbe à dr. ℞. Aigle debout à dr., regardant en arrière, dans un carré formé de lignes. Hecté. Electrum. Très belle.

Voyez planche VI.

182 Tête laurée d'Apollon à dr. ℞. Tête de femme dans un carré formé par des lignes. Hecté. Electrum. B.

Voyez planche VI.

IONIE

183 **Clazomène** (vers 500). Partie antérieure d'un sanglier ailé à dr. ℞. Carré incus. Didr. Arg. TB.

Voyez planche VI.

184 Autre exemplaire. Didr. Arg. B.

185 (387-300). Buste lauré d'Apollon de trois-quarts à g.; la chlamyde nouée sous le menton. ℞. Cygne debout à g., les ailes ouvertes; au-dessus, **ΑΠΟΛΛΑΣ**; au bas, **ΚΛ**. Hémidr. Arg. Très belle. Rare.

Voyez planche VI.

186 Autre avec **ΚΛΑΣΟΜΗΝΗ. ΣΙΘΕΟΣ**. Hémidr. Arg. TB. Rare.

187 Autre avec **ΜΑΝΔΡΩΝΑΞ** et **ΚΛ**. Hémidr. Arg. AB. Rare.

188 **Erythrae** (387-300). Tête d'Héraclès jeune avec la peau de lion à dr. ℞. **ΕΡΥ. ΑΠΕΛΛΑΣ**. Massue et arc dans son étui. Tétradr. Arg. B.

Voyez planche VI.

189 **Milet** (400-350). Tête de lion à g. ℞. Étoile cruciforme. — (250-190). Tête d'Apollon à g. ℞. Lion à dr. Drachmes. Arg. — Ens. 2 p. B. et TB.

190 **Phocée** (v^e et ive siècle). Tête d'Artémis à g., les cheveux ramenés en touffe sur le sommet. ℞. Carré incus divisé en quatre compartiments. Hecté. Electrum. Très belle.

Voyez planche VI.

191 Tête de femme à g., les cheveux ornés de bandelettes et le chignon dans le saccos. ℞. Carré incus en ailes de moulin. Hecté. Electrum. TB.

Voyez planche VI.

192 **Smyrne** (190-133). Tête tourelée de Kybélé à dr. ℞. **ΣΜΥΡΝΑΙΩΝ** et monogr. dans une couronne de chêne. Tétradr. Arg. TB. Rare.

Voyez planche VII.

193 **Chios** (*Ile*). (Avant 490). Sphinx assis à g.; devant, une amphore. ℞. Carré incus divisé en 4 parties. Didr. archaïque. Arg. B.

194 (412-350). Même sphinx. ℞. Bande sur laquelle est écrit **ΓΕΡΩΣ**, passant sur une autre bande verticale; les cantons sont granulés. Drachme. Arg. TB.

195 **Samos** (*Ile*). (394-365). Scalp de lion. ℞. **ΣΑ**. Partie antérieure d'un bœuf agenouillé à dr.; au-dessus, **ΑΤΗΣ**; derrière, une branche de laurier, le tout dans un carré incus. Tétradr. Arg. Très belle pièce. Rare.

Voyez planche VII.

196 (205-129). Scalp de lion de face. ℞. **ΣΑΜΙΩΝ**. Partie antérieure de taureau à dr.; devant, une branche d'olivier; à l'exergue, un vase. Trihémidr. Arg. Très belle.

Voyez planche VII.

197 Variété d'un autre style. Trihémidr. Arg. TB.

Voyez planche VII.

CARIE

198 **Cnide** (550-500). Protomé de lion à dr. ℞. Tête d'Aphrodite à dr., les cheveux perlés, dans un carré incus. Drachme. Arg. TB.

199 (500-480). Variété. La tête d'Aphrodite plus grosse, les cheveux droits. Drachme. Arg. TB.

200 **Stratonicea** (166-88). Tête laurée d'Hécate à dr., surmontée d'un croissant. ℞. **CT**. Victoire allant à dr. dans un carré incus. Hémidr. Arg. TB. Rare.

201 **Satrapes**. *Pixodaros* (340-334). Tête d'Apollon laurée de trois-quarts à dr. ℞. **ΠΙΞΟΔΑΡΟΥ**. Zeus Stratios debout à dr., la bipenne sur l'épaule et tenant une haste. Didr. Arg. Très beau. Rare.

Voyez planche VII.

202 **Calymna** (*Ile*) (300-190). Tête imberbe à dr. avec un casque à crinière muni de paragnathides. ℞. **ΚΑΛΥΜΝΙΟΝ**. Lyre dans un carré de points. Didr. Arg. TB.

Voyez planche VII.

203 **Rhodes** (*Ile*) (400-333). Tête d'Apollon de trois-quarts à dr., les cheveux flottants. ℞. **ΡΟΔΙΟΝ**. Fleur de balaustium avec tige à dr.; dans le champ, une grappe et **Ε**, le tout dans un carré incus. Didr. Arg. Très beau, bon style.

204 (305-166). Tête radiée d'Hélios de trois-quarts à dr. ℞. **ΡΟΔΙΟΝ**. Fleur de balaustium avec tige à dr.; à g., un foudre; au bas, **ΕΥΚΡΑΤΗΣ**. Tétradr. Arg. TB.

205 Même droit. ℞. **PO**. Même fleur; au-dessus **ΜΝΑΣΙΜΑΧΟΣ**; à g. Athéna debout à g. Didr. Arg. TB.

206 Même tête. ℞. **ΓΟΡΓΟΣ**. **PO**. Même fleur; à g., un papillon. Hémidrachme. Arg. TB.

207 (166-88). Tête radiée d'Hélios à dr. ℞. **PO**. Fleur de balaustium; au-dessus, **ΘΡΑΣΥΜΕΝΗΣ**, dans un carré incus. Drachme. Arg. TB.

208 (88-43). Tête radiée d'Hélios de trois-quarts à dr. ℞. **PO**. Rose à quatre pétales épanouie; au-dessus, **ΑΙΝΕΑΣ**. Drachme. Arg. TB.

Voyez planche VII.

LYCIE

209 (520-480). Partie antérieure d'un sanglier à g.; sur l'épaule, trois lettres lyciennes incuses. ℞. Carré incus avec divisions irrégulières. Statère. Arg. B.

PAMPHYLIE

210 **Aspendos** (400-300). Deux lutteurs nus; entre eux, **FK**. ℞. **ΕΣΤFΕΔIIΥΣ**. Frondeur à dr. ajustant sa fronde; devant lui, la triquetra; le tout dans un carré de points. Statère. Arg. Très beau.

Voyez planche VII.

211 **Sidé** (190-36). Tête d'Athéna avec casque corinthien à crinière à dr. ℞. **ΔΕΙΝ**. Niké tenant une couronne, marchant à g.; devant, une grenade. Tétradr. Arg. TB.

CILICIE

212 **Celenderis** (IVᵉ siècle). Bouc agenouillé à dr., retournant la tête. ℞. Carré peu profond. — Protomé de cheval ailé, 2 variétés. Oboles. Arg. — Ens. 3 p. B. et TB.

213 **Satrapes de Tarse.** *Datame* (378-272). Tête diadémée d'Aréthuse de face. ℞. Tête d'Arès avec casque athénien à dr.; devant, *Datame* en caractères araméens. Statère. Arg. TB.

Voyez planche VII.

CHYPRE

214 **Rois de Citium.** *Pumiaton* (361-312 av. J.-Ch.). Héraclès nu debout à dr.; tenant sa massue élevée et son arc; devant, **O**. ℟. Lég. cypriote. Lion dévorant un cerf à dr., et date (an 14) dans un grènetis carré. Hémi-statère. Or. TB.

Voyez planche VII.

GALATIE

215 **Rois.** *Amyntas* (36-25). Tête d'Athéna à dr. avec le casque corinthien. ℟. **ΒΑΣΙΛΕΩΣ ΑΜΥΝΤΟΥ**. Niké marchant à g., tenant un sceptre entouré d'un diadème. Tétradr. Arg. TB.

SYRIE

216 **Rois Séleucides.** *Séleucus I* (312-280). Tête imberbe d'Héraclès avec la peau de lion à dr. ℟. **ΣΕΛΕΥΚΟΥ ΒΑΣΙΛΕΩΣ**. Zeus aétophore assis à g.; devant, un dauphin et un monogr.; sous le siège, autre monogr. Tétradr. Arg. TB.

217 *Antiochus I* (281-261). Sa tête diadémée à dr. ℟. **ΒΑΣΙΛΕΩΣ ΑΝΤΙΟΧΟΥ**. Apollon nu assis à g. sur l'omphalos. Tétradr. Arg. TB.

218 *Antiochus III* (222-187). Sa tête diadémée à dr. ℟. **ΒΑΣΙΛΕΩΣ ΑΝΤΙΟΧΟΥ**. Apollon assis à g. sur l'omphalos. Tétradr. Arg. TB.

219 Variété, monogr. différent. Tétradr. Arg. B.

220 *Séleucus IV* (187-175). Sa tête diadémée à dr.; bandelette au pourtour. ℟. **ΒΑΣΙΛΕΩΣ ΣΕΛΕΥΚΟΥ**. Apollon nu assis à g. sur l'omphalos, tenant une flèche et un arc; devant, couronne et palme; dessous, **Φ**. Tétradr. Arg. TB.

221 *Démétrius I* (162-150). Sa tête diadémée à dr. dans une couronne de laurier. ℟. **ΒΑΣΙΛΕΩΣ ΔΗΜΗΤΡΙΟΥ ΣΩΤΗΡΟΣ**. Tyché assise à g., tenant un sceptre court et une corne d'abondance, le trône reposant sur une néréïde ailée; à l'exergue, **ΑΞΡ** (an 161). Tétradr. Arg. TB.

222 *Alexandre I Bala* (152-144). Sa tête diadémée à dr.; bandelette de laine au pourtour. ℟. **ΒΑΣΙΛΕΩΣ ΑΛΕΞΑΝΔΡΟΥ ΘΕΟΠΑΤΟΡΟΣ ΕΥΕΡΓΕΤΟΥ**. Zeus nicéphore assis à g.; devant, deux monogr.; à l'exergue, **ΔΞΡ** (an 164). Tétradr. Arg. TB. Rare.

223 *Cléopatre Théa* (125-121). Sa tête voilée et diadémée accolée à la tête diadémée d'Antiochus Grypus à dr. ℟. **ΒΑΣΙΛΙΣΣΗΣ ΚΛΕΟΠΑΤΡΑΣ ΘΕΑΣ ΚΑΙ ΒΑΣΙΛΕΩΣ ΑΝΤΙΟΧΟΥ**. Zeus nicéphore assis à g.; devant, un monogr. Tétradr. Arg. TB. Très rare.

224 *Antiochus VIII* (121-96). Sa tête diadémée à dr.; bandelette au pourtour. ℟. **ΒΑΣΙΛΕΩΣ ΑΝΤΙΟΧΟΥ ΕΠΙΦΑΝΟΥΣ**. Zeus Ouranios nu, debout à g.; devant, **ΙΕ** et **Α**, le tout dans une couronne de laurier. Tétradr. Arg. Très beau.

PHÉNICIE

225 **Aradus** (*Ile*) (128 av. J.-C.). Tête tourelée et voilée de Tyché à dr. ℟. **ΑΡΑΔΙΩΝ**. Niké à g.; dans le champ **ΔΠΡ** (an 184), deux caractères phéniciens et **ΜΣ**, le tout dans une couronne de laurier. Tétradr. Arg.

226 **Sidon** (362-332). Galère à g. sur deux lignes de flots. ℟. Le roi de Perse debout à g. dans un trige au pas conduit par un aurige; derrière le char, un personnage à pied portant un sceptre recourbé. Double statère. Arg. B. Rare.

Voyez planche VII.

227 **Tyr** (312-275). Melkart tirant de l'arc à cheval à dr. sur un hippocampe ailé; à l'exergue, un dauphin et des flots. ℟. Chouette debout à dr.; derrière, le sceptre et le fléau égyptiens; dans le champ, **ΙΙΙΙΟ** (an 34). Didr. Arg. TB. *Voyez planche VII.*

228 La même pièce datée **ΙΙΙΟ** (an 33). Didr. Arg. B.

229 (121 av. J.-C.). Tête laurée d'Héraclès tyrien à dr. ℟. Aigle debout à g. sur un éperon de navire. Tétradr. Arg. TB.

PERSE

230 **Rois Achéménides** (avant 330). Roi à demi-agenouillé à dr., tenant un arc et une javeline, le carquois à l'épaule. ℟. Carré creux allongé. Darique. Or. TB. *Voyez planche VII.*

BACTRIANE

231 **Rois Indo-Scythes.** *Hooerkès.* (111-129 de J.-C.) **ΡΑΟ·ΝΑΝΟ·ΡΑΟ·ΟΟΗΡΚΙ· ΚΟΡΑΝ**. Buste à mi-corps avec la tiare, tenant un javelot et un épi ? ℟. **ΦΑΡΟ**. Divinité femelle debout à g.; devant, un monogr. Statère. Or. B.

ÉGYPTE

232 *Alexandre Ægus.* (323-311). Tête jeune et cornue d'Alexandre le Grand couverte de la peau d'éléphant, à dr. ℞. ΑΛΞΑΝΔΡΟΥ. Pallas combattant à dr.; devant, un casque, un aigle et ΔΙ. Tétradr. Arg. TB. *Voyez planche VII.*

233 Variété; devant Pallas, un aigle et Κ; derrière, un monogr. Tétradr. Arg. TB.

234 **Rois Lagides.** *Ptolémée Soter.* (305-284). Sa tête diadémée à dr. avec l'égide. ℞. ΠΤΟΛΕΜΑΙΟΥ ΒΑΣΙΛΕΩΣ. Aigle au repos sur un foudre à g.; devant, monogr. ΠΑΡ. Double statère. Or. Très belle pièce.

Voyez planche VII.

235 *Ptolémée II, Arsinoé, Soter et Bérénice.* (285-247). ΘΕΩΝ. Bustes accolés de Soter diadémé et de Bérénice à dr. ℞. ΑΔΕΛΦΩΝ. Bustes accolés de Ptolémée II diadémé et d'Arsinoé à dr. Octadrachme d'or. Très belle pièce.

Voyez planche VII.

236 *Arsinoé II.* Sa tête voilée et diadémée à dr.; derrière, Κ. ℞. ΑΡΣΙ-ΝΟΗΣ ΦΙΛΑΔΕΛΦΟΥ. Double corne d'abondance ceinte d'un diadème. Octadrachme d'or. Très belle pièce.

Voyez planche VII.

237 Même tête; derrière ΜΜ. ℞. Le précédent. Décadrachme. Arg. Très beau et de bon style. *Voyez planche VII.*

238 *Ptolémée V.* (204-181). Tête diadémée de Soter à dr. ℞. ΠΤΟΛΕ-ΜΑΙΟΥ ΒΑΣΙΛΕΩΣ. Aigle debout à g. sur un foudre; devant, L. ΚΓ (an 23); derrière, ΚΙ. Tétradr Arg. Très beau.

239 *Ptolémée VI* (181-146). Même tête. ℞. ΠΤΟΛΕΜΑΙΟΥ ΒΑΣΙΛΕΩΣ. Aigle debout à g. sur un foudre; devant, L. ΚΘ (an 29); derrière, ΠΑ. Tétradr. Arg. TB.

239 *bis Ptolémée VIII.* (170-117). Même tête. ℞. ΠΤΟΛΕΜΑΙΟΥ ΒΑΣΙ-ΛΕΩΣ. Aigle debout à g. sur un foudre; devant, L. ΚΗ (an 28); derrière, ΣΑ. Tétradr. Arg. TB.

CYRÉNAÏQUE

240 **Cyrène** (431-321). Zeus assis à g., tenant l'aigle sur la main dr.; le coude g. sur le dossier du trône; devant, un thymiatérion; derrière ΣΟΙϘΙΑΧ. ℞. ΚΥΡΑΝΑΙΟΝ. Quadrige au trot à dr., sous un astre. Statére. Or. Très beau.

Voyez planche VII.

241 Zeus debout à g., tenant une patère et un sceptre; devant, le thymiatérion; derrière, ΠΟΛΥΑΝΘΕΥΣ. ℞. Quadrige de Niké à dr.; au-dessus, ΚΥΡΑΝΑΙοΝ. Statère. Or. Très beau.
Voyez planche VIII.

242 Tête de Zeus Ammon à g.; derrière, ΚΥ. ℞. ΠΟ. Tête de la nymphe Kyréné à dr., les cheveux retroussés. Sixième de statère. Or. TB.

243 Tête de Dionysos lybien à dr.; derrière ΚΥΟ. ℞. Tête de Kyréné à dr. Sixième de statère. Or. B.

244 (321-308). Tête imberbe à corne de bélier à g. ℞. ΚΥΡΑ. Silphium; dans le champ, à g., monogr. ΠΥΗΡ; à dr., un carquois. Didr. Arg.

ZEUGITANE

245 **Carthage** (218-146). Tête de Déméter couronnée d'épis à g. ℞. Cheval debout à dr.; au-dessus, un disque radié entre deux uréus. Double statère. Electrum. TB.
Voyez planche VIII.

246 Tête de Déméter à g., couronnée d'épis. ℞. Cheval debout à dr. Statère. Or. Très beau et de bon style.
Voyez planche VIII.

247 La même pièce d'un autre style. Statère. Electrum. TB.

248 Même droit. ℞. Même cheval. Quart de statère. Or. TB.
Voyez planche VIII.

249 Même tête à g. ℞. Cheval debout à dr. regardant en arrière; dans le fond, un palmier; devant, un astre. Didr. Arg. Très beau.
Voyez planche VIII.

RÉPUBLIQUE ROMAINE [1]

250 Tête de Mercure à g. ℟. Proue à dr. (p. 36, 55). Sextans libral. — Tête de Mercure à dr. (p. 46, 18). Sextans frappé. Br. — Ens. 2 p. B.

251 Tête casquée de Rome à g. ℟. ROMA. Proue à dr. (p. 47, 19). Once frappée. Br. TB.

252 Tête laurée de Janus. ℟. ROMA. Proue à dr. (p. 50, 26). As. — Variété; abeille au-dessus de la proue. As. Br. — Ens 2 p. variées. B.

253 Autre; couronne au-dessus de la proue. As. — Tête de Jupiter (p. 63, 50). Semis. Br. — Ens. 2 p. B.

254 Tête de Rome (p. 63, 51). Triens. — Tête d'Hercule (p. 64, 52). Quadrans. — Tête de Mercure (p. 64, 53). Sextans. Br. — Ens. 3 p. B.

255 *Campanie.* Tête laurée imberbe de Janus. ℟. ROMA (incus). Jupiter tonnant dans un quadrige à dr. (23). Double denier. Arg. TB.

256 La même pièce variée. Double denier. Arg. TB.

257 Mêmes types, ROMA en relief (24). Denier. Arg. FDC.

258 *Incertaines.* Tête casquée de Rome à dr. ℟. ROMA. Les Dioscures galopant à dr. (p. 39, 2). Denier. Arg. FDC.

259 Mêmes types, avec IIS derrière la tête de Rome (p. 40, 4). Sesterce. Arg. TB.

260 Même tête. ℟. Victoire dans un bige (p. 40, 6). Denier. Arg. FDC.

261 Même tête. ℟. Les Dioscures; dessous, un épi (p. 48, 20 varié). Arg. TB.

262 Autre; un croissant au-dessus des Dioscures. Arg. TB.

263 Même droit; derrière la tête, V. ℟. Les Dioscures; dessous H. (p. 55, 33). Quinaire. Arg. TB.

264 Même droit avec X. ℟. Diane dans un bige de cerfs (p. 67, 101). Arg. TB.

---

(1) Les numéros entre parenthèses sont ceux de M. E. Babelon : *Monnaies de la République Romaine.*

265 Tête laurée d'Apollon. ℞. Jupiter tonnant (p. 77, 226). ***Aburia.*** Mars dans un quadrige (1). Arg. — Ens. 2 p. TB.

266 *Accoleia.* P. ACCOLEIVS LARISCOLVS. Buste d'Acca Larentia à dr. ℞. Trois cariatides (1). Arg. TB.

267 *Acilia.* Quadrige d'Hercule (4). La Santé nourrissant un serpent (8). Arg. — Ens. 2 p. TB.

268 *Aelia.* Les Dioscures (3). Bige de Diane (4). Arg. — Ens. 2 p. TB.

269 *Aemilia.* Cavalier sur des arceaux (7). Le roi Arétas près d'un chameau (8). Arg. — Ens. 2 p. TB.

270 Trophée entre P. Emile et Persée (10). Margelle du puits scribonien (11). Arg. — Ens. 2 p. TB.

271 *Afrania.* Bige de la Victoire (1). *Annia.* Quadrige de la Victoire (2). Arg. — Ens. 2 p. TB. et B.

272 *Antestia.* Les Dioscures (1 et 2). Jupiter tonnant dans un quadrige (9). Arg. — Ens. 3 p. TB.

273 *Antia.* RESTIO. Tête nue à dr. ℞. C. ANTIVS C. F. Hercule marchant à dr. (1). Arg. Très beau.

274 *Antonia.* Quadrige de la Victoire (1). *Appuleia.* Quadrige de Saturne (1). Arg. — Ens. 2 p. TB.

275 *Aquillia.* Bige de Diane (1). Le consul M. Aquillius relevant la Sicile (2). Arg. — Ens. 2 p. TB.

276 *Atilia.* Bige de la Victoire (1). Arg. FDC.

277 Les Dioscures galopant à dr. (8). Arg. FDC.

278 *Aurelia.* COTA. Tête de Rome. ℞. M. AVRELI ROMA. Hercule dans un bige de centaures (16). Arg. Très beau.

279 Quadrige de Jupiter (19). Gaulois combattant dans un bige (20). Aigle dans une couronne (21). Arg. — Ens. 3 p. TB.

280 *Baebia.* Tête de Rome à g. ℞. Apollon dans un quadrige (12). Arg. TB.

281 *Caecilia.* Tête de Rome. ℞. Bouclier (28). Tête d'Apollon. ℞. Même bouclier (30). Arg. — Ens. 2 p. TB.

282 Bige de la Piété (38). Éléphant à g. (43). Arg. — Ens. 2 p. TB.

283 Rome assise à g., couronnée par la Victoire (45). Éléphant à dr. (47). Arg. — Ens. 2 p. TB.

284 Q. METELL. SCIPIO. IMP. Tête de l'Afrique à dr. ℞. EPPIVS. LEG. F. C. Hercule au repos, de face (50). Arg. Très beau.

Voyez planche VIII.

285 *Caesia.* Buste d'Apollon Véjovis à g. ℞. Les dieux Lares (1). Arg. TB.

286 *Calidia*. Bige de la Victoire. *Calpurnia*. Bige couronné par Victoire (2). Les deux questeurs assis à g. (5). Arg. — Ens. 3 p. TB.

287 Tête d'Apollon à dr. ℞. C. PISO. L. F. FRVG. Cavalier galopant à g. (27). Arg. FDC. Joli style.

Voyez planche VIII.

288 *Carisia*. Instruments de monnayage (1). Quadrige de la Victoire (3). Arg. — Ens. 2 p. TB.

289 Tête de Sibylle à dr. ℞. T. CARISIVS. III VIR. Sphinx assis à dr. (10). Arg. Très beau.

Voyez planche VIII.

290 *Cassia*. Quadrige de la Liberté (1). Deux bœufs à g. (2). Arg. — Ens. 2 p. TB.

291 Tête de Liber à dr. ℞. Tête de Libéra à g. (6). Arg. TB.

Voyez planche VIII.

292 Aigle sur un foudre (7). Temple de Vesta (8). Arg. — Ens. 2 p. TB.

293 Temple de Vesta (11). Citoyen déposant son vote (10). Arg. — Ens. 2 p. TB.

294 *Cipia*. Bige de la Victoire (1). *Claudia*. Même bige (1 et 5). Arg. Ens. 3 p. TB.

295 MARCELLINVS. Tête nue à dr. ℞. MARCELLVS. COS. QVINQ. Le consul consacrant les dépouilles de Viridomar (11). Arg. TB.

296 Diane lucifère (15). Croissant et 5 étoiles (17). Arg. — Ens. 2 p. TB.

297 *Cloulia*. Bige de la Victoire (1). Victoire couronnant un trophée (2). Quinaire. Arg. — Ens. 2 p. TB.

298 *Cœlia*. Bige à g. (1). Tête du consul C. Caldus à dr. ℞. Personnage préparant un lectisternium (7). Arg. — Ens. 2 p. TB.

299 *Considia*. Tête de Vénus Erycine. ℞. Temple entouré d'un rempart (1). Arg. FDC.

300 Tête d'Apollon. ℞. C. CONSIDIVS. PAETVS. Chaise curule (4). Arg. TB.

301 Quadrige de la Victoire à dr. (5). Le même à g. (6). Arg. — Ens. 2 p. TB.

302 *Coponia*. Tête d'Apollon. ℞. Massue et peau de lion (1). Arg. TB.

303 *Cordia*. Vénus Verticordia à g. (1). Cupidon sur un dauphin (3). Arg. — Ens. 2 p. TB.

304 *Cornelia*. Bige de la Victoire (1). Quadrige de Jupiter (24). Arg. — Ens. 2 p. TB.

305 Buste d'Hercule. ℞. Rome couronnée par son génie (25). Vase et lituus entre 2 trophées (29). Arg. — Ens. 2 p. TB.

306 Tête diadémée de Vénus. ℞. Q. Double corne d'abondance (33). Arg. TB.

307 Bige de la Victoire (50). Victoire couronnant un trophée (51). Quinaire. Arg. — Ens. 2 p. TB.

308 Globe entre un sceptre et un gouvernail (54). Sylla, Bocchus et Jugurtha (59). Arg. — Ens. 2 p. TB.

309 FEELIX. Buste diadémé de Jugurtha. ℞. FAVSTVS. Diane dans un bige à dr. (60). Arg. Très beau, rare.

Voyez planche VIII.

310 Tète de Vénus. ℞. Trois trophées (63). Arg. TB.

311 Triquetra. ℞. LENT. MARC. COS. Jupiter debout (64). Arg. Très beau.

Voyez planche VIII.

312 L. LENT. C. MARC. COS. Tète de Jupiter jeune. ℞. Jupiter debout (65). Arg. Très beau.

Voyez planche VIII.

313 *Cosconia*. Char de Bituit (1). *Crepusia*. Cavalier à dr. (1). Arg. — Ens. 2 p. TB.

314 *Cupiennia*. Les Dioscures (1). *Curiatia*. Quadrige (1). Arg. — Ens. 2 p. TB.

315 *Curtia*. Quadrige de Jupiter (2). *Decimia*. Bige de Diane (1). Arg. — Ens. 2 p. TB.

316 *Didia*. Tête voilée de la Concorde. ℞. Edifice à trois étages (1). Arg. TB.

317 Préteur fouettant un esclave (2). *Domitia*. Bige de la Victoire (14). Arg. — Ens. 2 p. TB.

318 *Egnatia*. Rome et Vénus (2). *Egnatuleia*. Victoire et trophée (1). Quinaire. Arg. — Ens. 2 p. TB.

319 *Fabia*. Quadrige de Jupiter (1). Corne d'abondance et foudre (5 et 6). Arg. — Ens. 3 p. TB.

320 Flamine assis à g. (11). Bige de la Victoire (14). *Fannia*. Quadrige de la Victoire. Arg. — Ens. 3 p. TB.

321 *Farsuleia*. Buste de la Liberté. ℞. Guerrier faisant monter un citoyen dans un bige (1 et 2). Arg. — Ens. 2 p. TB.

322 *Flaminia*. Tète de Rome. ℞. L. FLAMINI. CILO. Victoire dans un bige (1). Arg. TB.

323 Tête de Vénus. ℞. L. FLAMINI. CHILO. Le précédent (2). Arg. TB.

324 *Flavia*. C. FLAV. HEMIC. LEG. PROPR. Buste d'Apollon à dr. ℞. BRVT. IMP. Q. CAEP. Victoire à g. couronnant un trophée (1). Arg. TB. Rare.

Voyez planche VIII.

325 *Fonteia*. Tête janiforme. ℞. Galère (1). Têtes des Dioscures (7). Génie sur une chèvre (9). Arg. — Ens. 3 p. TB.

326 La chèvre Amalthée (1). Cavalier et deux combattants à pied (17). Arg. Ens. 2 p. TB.
327 *Fufia*. L'Italie et Rome (1). *Fulvia*. Bige de la Victoire (1). Arg. — Ens. 2 p. TB.
328 *Fundania*. Marius dans un quadrige (1). Victoire et trophée (2). Quinaire. Arg. — Ens. 2 p. TB.
329 *Furia*. Bige de Diane (13). Tête de Janus (18). Arg. Ens. 2 p. TB.
330 Tête de Cybèle. ℟. Chaise curule (19). Tête de Cérès. ℟. Chaise curule (23). Arg. — Ens. 2 p. TB.
331 *Gellia*. Quadrige de Mars (1). *Herennia*. Amphinome à dr. (1). Arg. — Ens. 2 p. TB.
332 *Hosidia*. Buste de Diane. ℟. Sanglier blessé (1 et 2). Arg. — Ens. 2 p. TB.
333 *Hostilia*. Tête de Vercingétorix à dr. ; derrière, un bouclier. L. HOSTILIVS. SASERNA. Guerrier combattant sur un char gaulois (2). Arg. TB.
334 Diane d'Ephèse de face (4). Victoire à dr. (5). Arg. — Ens. 2 p. TB.
335 *Julia*. Bige de Vénus (2). Bige de la Victoire (3). Deux Amours et char de Vénus à g. (4). Quadrige de la Victoire (5). Arg. — Ens. 4 p. TB.
336 *Junia*. Les Dioscures (1 et 8). Bige de la Victoire (15). Arg. — Ens. 3 p. TB.
337 Tête de Salus. ℟. Victoire dans un bige (18). Arg. FDC.
338 Tête de Brutus. ℟. Tête d'Ahala (30). Brutus entre 2 licteurs (31). Arg. — Ens. 2 p. TB.
339 *Juventia*. Bige de la Victoire (7). Arg. TB.
340 *Licinia*. L'enceinte des comices (7). Pallas dans un quadrige (16). Arg. — Ens. 2 p. TB.
341 Chevalier romain (18). Cavalier trainant un captif (24). Arg. — Ens. 2 p. TB.
342 *Livineia*. Tête de Régulus à dr. ℟. LIVINEIVS. REGVLVS. Chaise curule (11). Arg. FDC.
343 Même tête. ℟. L. REGVLVS. Belluaires (12). Arg. FDC.
344 *Lollia*. Tête de la Liberté. ℟. PALIKANVS. Tribune aux harangues (2). Arg. FDC.
345 *Lucilia*. Tête de Rome dans une couronne. ℟. Bige de la Victoire (1). Arg. TB.
346 *Lucretia*. Les Dioscures (1). Croissant (2). Dauphin (3). Arg. — Ens. 3 p. TB.
347 *Lutatia*. Galère dans une couronne (2). Arg. TB.

348 *Maenia.* Quadrige de la Victoire (7). *Maiania.* Bige de la Victoire (1). Arg. — Ens. 2 p. TB.
349 *Mamilia.* Buste de Mercure. ℞. Ulysse et son chien (6). Arg. TB.
350 *Manlia.* Cavalier à g. (2). Sylla dans un quadrige (4). Arg. — Ens. 2 p. TB.
351 *Marcia.* Les Dioscures (1). Bige de la Victoire (8). Arg. — Ens. 2 p. TB.
352 Le roi Philippe galopant à dr. (11). Arg. TB.
353 Statue équestre à dr. (12). Arg. TB.
354 Quadrige de la Victoire (16). Le satyre Marsyas (24). Arg. — Ens. 2 p. TB.
355 Tête de Vénus. ℞. Bige de Vénus (27). Arg. TB.
356 Tête du roi Ancus (28). *Maria.* Bœufs labourant à g. (7). Arg. — Ens. 2 p. TB.
357 Tête de Cérès. ℞. Colon avec deux bœufs à g. (9). Arg. TB.
358 *Memmia.* Les Dioscures debout (1). Bige de Vénus (2). Arg. — Ens. 2 p. TB.
359 Tête de Romulus à dr. ℞. Cérès assise à dr. (9). Arg. TB.
360 Tête de Cérès à dr. ℞. Captif au pied d'un trophée (10). Arg. TB.
361 *Minucia.* Les Dioscures (1). Colonne frumentaire (3 et 9). Arg. — Ens. 2 p. TB.
362 Quadrige de Jupiter (15). Deux guerriers combattant (19). Arg. Ens. 2 p. TB.
363 *Mussidia.* Mains jointes (5). Vaisseau des cloaques (6). Arg. — Ens. 2 p. TB.
364 *Naevia.* Tête de Vénus. ℞. Victoire dans un trige (6). Arg. TB.
365 *Neria.* Tête de Saturne. ℞. Aigle légionnaire entre deux enseignes (1). Arg. B.
366 *Nonia.* Victoire couronnant Rome (1). *Norbana.* Epi, faisceau et caducée (2). Arg. — Ens. 2 p. TB.
367 *Opimia.* Quadrige de la Victoire (12). Bige d'Apollon (16). Arg. — Ens. 2 p. TB.
368 *Papia.* Griffon (1). Louve et aigle (2). Arg. — Ens. 2 p. TB.
369 *Papiria.* Quadrige de Jupiter (6 et 7). Arg. — Ens. 2 p. TB.
370 *Petillia.* Tête de Jupiter à dr. ℞. Temple hexastyle (1). Arg. TB.
371 Aigle sur en foudre. ℞. Le même (2). Arg. FDC.

Voyez planche VIII.

372 *Pinaria.* NAT. ROMA. Bige de la Victoire (2). Arg. FDC.
373 *Plaetoria.* Aigle sur un foudre (4). Caducée (5). Arg. — Ens. 2 p. TB.

374 Tête de femme à dr. ℟. Caducée (6). Arg. FDC.
375 Même tête. ℟. Præfericulum et torche allumée (7). Arg. Très beau.

Voyez planche VIII.

376 Buste de femme à dr. ℟. M. PLAETORI. CEST. S. C. Buste de la déesse Sors de face (10). Arg. TB. Rare.
377 *Plancia*. Tête de Diane. ℟. Bouquetin crétois (1). Arg. TB.
378 *Plautia*. Tête de Neptune. ℟. Quadrige à g. (11). Tête de Leuconoe. ℟. Le même (12). Arg. — Ens. 2 p. TB.
379 Bacchius et un chameau à dr. (13). L'Aurore de face (14). Arg. — Ens. 2 p. FDC.
380 *Plutia*. Tête de Rome. ℟. Les Dioscures (1). Arg. TB.
381 *Poblicia*. Rome couronnée par la Victoire (2). Héros debout à g. (6). Hercule étouffant le lion (9). Arg. — Ens. 3 p. TB.
382 *Pompeia*. Faustulus et la louve (1). Chaise curule (5). Arg. — Ens. 2 p. TB.
383 *Pomponia*. Tête d'Apollon. ℟. Q. POMPONI.MVSA. Clio debout à g. (11). Arg. TB.
384 Melpomène de face, tenant une massue et un masque (14). Arg. Très beau.
385 Terpsichore à dr., jouant de la lyre (17). Arg. TB.
386 *Porcia*. Quadrige de la Liberté (3). Guerrier entre un homme en toge et un licteur (4). Arg. — Ens. 2 p. TB.
387 Bituit combattant dans un bige (8). Victoire assise à dr. (10). Autre (11). Quinaire. Arg. — Ens. 3 p. TB.
388 *Postumia*. Trois cavaliers à g. (4). Sacrificateur et taureau (7). Arg. — Ens. 3 p. TB.
389 Personnage consulaire (8). Chien courant (9). Arg. — Ens. 2 p. TB.
390 PIETAS. Tête de la Piété. ℟. ALBINVS. BRVTI. F. Mains tenant un caducée (10). Arg. FDC.
391 Tête de Postumius Albinus. ℟. ALBINVS. BRVTI. F. dans une couronne d'épis (14). Arg. FDC.
392 *Procilia*. Junon Sospita combattant (1). Bige de Junon Sospita (2). Arg. — Ens. 2 p. TB.
393 *Quinctia*. Les Dioscures (2). Buste d'Hercule à g. ℟. Cavalier à g. conduisant 2 chevaux (6). Arg. — Ens. 2 p. TB.
394 *Renia*. Bige de boucs (1). *Roscia*. Jeune fille nourrissant un serpent (1). Arg. — Ens. 2 p. TB.

395 *Rubria.* Char triomphal (3). *Rustia.* Bélier. (1). Arg. — Ens. 2 p. TB.

396 Q. RVSTIVS. Bustes accolés des deux Fortunes. ℟. CAESARI AVGVSTO. Autel (3). Arg. TB.

397 *Rutilia.* Tête de Rome. ℟. Bige de la Victoire (1). Arg. TB.

398 *Satriena.* Tête de Rome. ℟. P. SATRIENVS. ROMA. Louve à g. (1). Arg. TB.

399 *Saufeia.* Bige de la Victoire (1). *Scribonia.* Les Dioscures (1). Margelle de puits (8). Arg. — Ens. 3 p. FDC.

400 *Sempronia.* Les Dioscures (2). *Sentia.* Quadrige de Jupiter (1). *Sergia.* Cavalier à g. (1). Arg. — Ens. 3 p. TB.

401 *Servilia.* Les Dioscures (1). Combat de deux cavaliers (5). Arg. — Ens. 2 p. TB.

402 Combat de cavaliers (7). Bige de la Victoire (14). Arg. — Ens. 2 p. TB.

403 Tête de Flore. ℟. Guerriers se présentant les armes (15). Arg. TB.

404 *Sicinia.* Tête de la Fortune. ℟. Caducée et palme (5). Arg. FDC.

405 *Spurilia.* Tête de Rome. ℟. Bige de Diane à dr. (1). Arg. TB.

406 *Sulpicia.* Serment sur une truie (1). Trophée entre un Grec et un captif (7). Arg. — Ens. 2 p. TB.

407 *Terentia.* Les Dioscures (10). *Thoria.* Taureau furieux (1). Arg. — Ens. 2 p. TB.

408 *Titia.* Tête de Mutinus Titinus (1). Tête de Bacchus. ℟. Pégase (2). Arg. — Ens. 2 p. TB.

409 *Titinia.* Bige de la Victoire (7). Arg. TB.

410 *Tituria.* L'enlèvement des Sabines (1). La mort de Tarpéia (4). Bige de la Victoire (6). Arg. — Ens. 3 p. TB.

411 *Trebania.* Quadrige de Jupiter (1). *Tullia.* Bige de la Victoire (1). Arg. — Ens. 2 p. TB.

412 *Valeria.* Bige de la Victoire (7). Mars debout à g. (11). Aigle entre deux enseignes (12). Arg. — Ens. 3 p. TB.

413 ACISCVLVS. Tête d'Apollon Soranus. ℟. L. VALERIVS. Valéria Luperca sur une génisse (17). Arg. Très beau.

Voyez planche VIII.

414 Sirène dans une couronne (18). Bige de Diane (20). Arg. — Ens. 2 p. TB.

415 *Vargunteia.* Quadrige au pas (1). *Vettia.* Victoire et trophée (1). Quinaire. *Veturia.* Sacrifice du porc (1). Arg. — Ens. 3 p. TB.

416 *Vibia*. Victoire et trophée (p. 537). Quadrige de Pallas (1 et 2). Arg. — Ens. 3 p. TB.

417 Jupiter Axur (18). Mains tenant un caducée (22). Arg. — Ens. 2 p. TB.

418 Panthère et autel bachique (24). Hercule à g. (26). Arg. — Ens. 2 p. TB.

419 *Volteia*. Temple (1). Sanglier (2). Cybèle trainée par deux lions (4). Arg. — Ens. 3 p. B. et TB.

EMPIRE ROMAIN [1]

420 *Pompée*. Tête de Pallas à dr. ℞. CN. MAGNVS. IMP. Pompée donnant une palme à la Bétique (1). Arg. Très beau.

421 VARRO. PRO. PR. Buste de Jupiter en Terme. ℞. MAGN. PRO. COS. Sceptre entre un dauphin et un aigle (3). Arg. TB.

Voyez planche IX.

422 MAG. PIVS. IMP. ITER. Tête nue de Pompée à dr. ℞. PRAEF. CLAS. ET. OR. MARIT. Neptune entre les frères de Catane (17). Arg. Très beau.

Voyez planche IX.

423 *J. César*. COS. TERT. DICT. ITER. Tête de Cérès. ℞. AVGVR. PONT. MAX. Instruments de sacrifice (4). Arg. FDC.

424 Tête de Vénus. ℞. CAESAR. Enée portant Anchise (12). Arg. TB.

425 Même tête. ℞. Trophée d'armes gauloises (13). Arg. TB.

426 Tête de la Piété. ℞. Trophée et hache (18). Arg. TB.

427 CAESAR. IM. P. M. Sa tête laurée à dr. ℞. L. AEMILIVS. BVCA. Vénus nicéphore debout à g. (22). Arg. Extrêmement belle, superbe portrait.

Voyez planche IX.

428 CAESAR. IMP. Même tête. ℞. M. METTIVS. Même type (34). Arg. Très beau.

(1) Les numéros entre parenthèses sont ceux de H. Cohen, *Monnaies frappées sous l'Empire Romain*.

429 CAESAR. DICT. PERPETVO. Sa tête voilée à dr. ℟. P. SEPVLLIVS. Même type (39). Arg. Très beau.

430 CAESAR. IMP. Sa tête laurée à dr.; derrière, une étoile. ℟. Le précédent (41). Arg. Très belle pièce. Bon portrait.

Voyez planche IX.

431 CAESAR. Éléphant à dr. ℟. Instruments de sacrifice (49). 2 variétés. Arg. TB.

432 *J. César et Octave.* DIVOS. IVLIVS. Tête laurée de César à dr. ℟. CAESAR. DIVI. F. Tête nue d'Octave à dr. (3). GB. TB.

433 *Brutus.* L. PLAET. CEST. Buste voilé à dr. ℟. BRVT. IMP. Hache et vase à sacrifice (2). Arg. TB.

Voyez planche IX.

434 COSTA. LEG. Tête de la Liberté. ℟. BRVTVS. IMP. Trophée (4). Arg. FDC.

Voyez planche IX.

435 BRVTVS. Hache, simpule et couteau. ℟. LENTVLVS. SPINT. Vase et lituus (6). Arg. FDC.

Voyez planche IX.

436 L. SESTI. PRO. Q. Buste voilé de la Liberté. ℟. Q. CAEPIO. BRVTVS. PRO. Q. Trépied entre une hache et un simpule (11). Arg. FDC.

Voyez planche IX.

437 *Cassius.* C. CASSI. IMP. LEIBERTAS. Tête diadémée de la Liberté. ℟. LENTVLVS. SPINT. Vase et lituus (4). Arg. TB.

438 Variété. Buste voilé de la Liberté (6). Arg. FDC.

Voyez planche IX.

439 *Marc-Antoine.* Antoine debout en habit sacerdotal. ℟. Tête du Soleil (13). Mains jointes (67). Quinaire. Arg. — Ens. 2 p. TB.

440 *M. Antoine et Octave.* M. ANT. IMP. AVG. III. VIR. R. P. C. M. BARBAT. Q. P. Tête nue à dr. ℟. CAESAR. IMP. PONT. III. VIR. R. P. C. Tête nue à dr. (8). Arg. Très beau.

Voyez planche IX.

441 *Lucius et Marc-Antoine.* L. ANTONIVS. COS. Tête nue à dr. ℟. M. ANT. IMP. AVG. III. VIR. R. P. C. M. NERVA. PROQ. P. Tête nue à dr. (2). Arg. B.

442 *Auguste.* Tête nue à dr. ℟. AVGVSTVS. Capricorne à dr., tenant un gouvernail et un globe et portant sur le dos une corne d'abondance (20). Or. Très belle et rare pièce.

Voyez planche IX.

443 AVGVSTVS. Même tête. ℟. Sphinx accroupi à droite (333). Or. TB. et très rare. *Voyez planche IX.*

444 Tête laurée à dr. ℞. CAESAR AVGVSTVS. Deux branches de laurier (47). Arg. FDC.

Voyez planche IX.

445 Buste de la Victoire. ℞. CAESAR. DIVI. F. Neptune debout à g. (60). Arg. Très beau.

446 Tête laurée à dr. ℞. IMP. CAESAR. Colonne rostrale (124). Arg. Très beau.

Voyez planche IX.

447 AVGVSTVS. DIVI. F. Tête nue à dr. ℞. IMP. X. Taureau cornupète (14). Arg. Très beau.

448 Même droit. ℞. IMP. X. SICIL. Diane et son chien (146). Arg. TB.

449 CAESAR. AVGVSTVS. Même tête. ℞. OB. CIVIS. SERVATOS. en dehors d'une couronne civique (210). Arg. Très beau.

Voyez planche IX.

450 Même droit. ℞. SIGNIS. RECEPTIS. S. P. Q. R. Bouclier votif entre une aigle et une enseigne (265). Arg. FDC.

Voyez planche IX.

451 Même lég. Tête nue à g. ℞. S. P. Q. R. Bouclier avec CL. V. (293). Arg. FDC.

Voyez planche IX.

452 Tête de Féronie à dr. ℞. CAESAR. AVGVSTVS. SIGN. RECE. Parthe à genoux à dr., présentant une enseigne (484). Arg. FDC.

453 Tête laurée à dr. ℞. ROM. ET. AVG. Autel de Lyon (237). Tête radiée à g. ℞. S. C. Foudre (249). MB. — Ens. 2 p. B. et TB.

454 *Livie.* SALVS. AVGVSTA. Buste à dr. ℞. TI. CAESAR. DIVI. AVG. F. AVGVST. P. M. TR. POT. XXIIII. Dans le champ S. C. (5). MB. TB.

Voyez planche VIII.

455 *Agrippa.* M. AGRIPPA. L. F. COS. III. Tête à g. avec couronne rostrale. ℞. S. C. Neptune debout à g. (3). MB. TB.

456 TI. CAESAR. DIVI. AVG. F. AVGVST. P. M. TR. POT. XXXVI. autour de S. C. ℞. Temple d'Auguste orné de figures et précédé de marches (68). GB. B.

Voyez planche VIII.

457 Tête nue à g. ℞. Caducée ailé (22). MB. — Autel de Lyon (39). PB. — Ens. 2 p. TB.

458 *Tibère.* TI. CAESAR. DIVI. AVG. F. AVGVSTVS. Tête laurée à dr. ℞. PONTIF. MAXIM. Livie assise à dr. (15). Or. Très beau.

Voyez planche IX.

459 La même médaille (16). Arg. FDC.

460 *Tibère et Auguste.* TI. CAESAR. AVG. DIVI. AVG. F. AVGVSTVS. Tête laurée de Tibère à dr. ℞. DIVOS. AVGVST. DIVI. F. Tête laurée d'Auguste à dr. (3). Or. B. Rare.

461 *Néron Drusus.* NERO. CLAVDIVS. DRVSVS. GERMANICVS. IMP. Tête laurée à g. ℞. DE. GERM. Statue équestre entre 2 trophées sur un arc de triomphe (1). Or. B.

Voyez planche IX.

462 *Germanicus.* Tête nue à g. ℞. S. C. (4). — Tête nue à dr. ℞. S. C. (9). MB. — Ens. 2 p. B. et TB.

463 *Agrippine mère et Caligula.* AGRIPPINA. MAT. C. CAES. AVG. GERM. Buste à dr. ℞. C. CAES. AVG. GERM. P. M. TR. POT. Tête nue à dr. (4). Arg. TB.

Voyez planche IX.

464 *Caligula.* C. CAESAR. DIVI. AVG. PRON. AVG. P. M. TR. IIII. P. P. La Piété assise à g.; au bas, PIETAS. ℞. DIVO. AVG. S. C. Temple d'Auguste orné de figures; devant, Caligula sacrifiant à g. entre un victimaire amenant un taureau et un camille (11). GB. TB.

Voyez planche VIII.

465 Tête nue à g. ℞. VESTA. S. C. Vesta assise à g. (27). MB. 2 p. B.

466 *Caligula et Auguste.* C. CAESAR. AVG. GERM. P. M. TR. POT. COS. Tête nue à dr. ℞. Tête radiée d'Auguste à dr. entre deux étoiles (11). Arg. TB. *Voyez planche IX.*

467 *Claude I.* TI. CLAVD. CAESAR. AVG. P. M. TR. P. VI. IMP. XI. Tête laurée à dr. ℞. PACI. AVGVSTAE. Némésis tenant un caducée, marchant à dr., précédée par un serpent (57). Or. Fleur de coin.

Voyez planche IX.

468 TI. CLAVDIVS. CAESAR. IMP. Main tenant une balance (73). PB. TB.

469 *Agrippine et Claude.* AGRIPPINAE. AVGVSTAE. Buste d'Agrippine couronné d'épis à dr. ℞. TI. CLAVD. CAESAR. AVG. GERM. P. M. TRIB. POT. P. P. Tête laurée de Claude à dr. (3). Or. TB.

Voyez planche IX.

470 *Néron.* IMP. NERO. CAESAR. AVGVSTVS. Tête laurée à dr. ℞. IVPPITER. CVSTOS. Jupiter assis à g., tenant un foudre et un sceptre (120). Or. Très beau.

Voyez planche IX.

471 IMP. NERO. CAESAR. AVG. P. P. Tête nue à dr. ℞. SALVS. La Santé assise à g. (320). Arg. TB.

472 NERO. CLAVD. CAESAR. AVG. GER. P. M. TR. P. IMP. P. P. Buste lauré à dr. avec l'égide. ℞. AVGVST. POR. OST. S. C. Le port d'Ostie avec 7 navires (37). GB. TB.

473 Même lég. Tête radiée à dr. ℞. ROMA. S. C. Rome assise à g. sur des armes, tenant une couronne et le parazonium (282). MB. Très beau.

Voyez planche VIII.

474 Cérès et l'Abondance (14). GB. — Temple de Janus (156). Néron jouant de la lyre (246). MB. — Ens. 3 p. B.

475 S. C. Victoire à g., tenant un bouclier (288, 292 et 302). MB. — Ens. 3 p. B. et TB.

476 La Sécurité assise à dr. (324). Victoire marchant à g. (349). MB. — Ens. 2 p. B.

477 *Galba.* IMP. SER. GALBA. AVG. Tête nue à dr. ℞. S. P. Q. R. OB. C. S. dans une couronne civique (286). Or. TB.

Voyez planche IX.

478 La même pièce (287). Arg. Très belle pièce. Beau portrait.

Voyez planche IX.

479 IMP. SER. GALBA. CAESAR. AVG. P. M. Tête laurée à dr. ℞. DIVA. AVGVSTA. Livie debout à g. (58). Arg. TB.

Voyez planche IX.

480 La Paix debout à g. (146). Vesta assise à g. (309). MB. — Ens. 2 p. B. et TB.

481 *Othon.* IMP. M. OTHO. CAESAR. AVG TR. P. Tête nue à dr. ℞. SECVRITAS. P. R. La Sécurité debout à g. (16). Or. Superbe pièce.

Voyez planche X.

482 La même pièce (17). Arg. TB.

Voyez planche X.

483 *Vitellius.* A. VITELLIVS. GERM. IMP. AVG. TR. P. Tête laurée à dr. ℞. XV. VIR. SACR. FAC. Trépied (111). Arg TB.

484 *Vespasien.* IMP. CAESAR. VESPASIANVS. AVG. Tête laurée à dr. ℞. FORTVNA. AVGVST. La Fortune debout à g. sur un autel (172). Or. Très belle pièce.

Voyez planche X.

485 Aigle éployé (121). Mars debout à g. (126). Arg. — Ens. 2 p. TB.

486 Colonne entre 2 lauriers (149). Mains jointes (164). Arg. — Ens. 2 p. TB.

487 L'Espérance à g. (457). Victoire navale à dr. (632). MB. — Ens. 2 p. TB.

488 *Titus.* T. CAESAR. IMP. VESPASIAN. Tête laurée à dr. ℞. PONTIF. TR. P. COS. IIII. Victoire tenant une couronne et une palme, debout à g. sur un autel entre deux serpents (163). Or. FDC.

Voyez planche X.

489 Juif soutenant un trophée (274). Chaise curule (299) Arg. — Ens. 2 p. TB.

490 Eléphant à g. (303). Dauphin sur une ancre (309). Arg. — Ens. 2 p. TB. et FDC.

491 Dauphin sur un trépied (321). Arg. — Autel (405). Bill. — Ens. 2 p. FDC.

492 L'Equité debout à g. (2). MB. — La Paix à g. (140). GB. — Ens. 2 p. AB.

493 T. CAES. VESPASIAN. IMP. PON. TR. POT. COS. II. Tête laurée à dr. ℞. PAX. AVGVSTI. S. C. La Paix debout à g. (150). GB. TB.

494 *Domitien*. DOMITIANVS. AVGVSTVS. Tête laurée à dr. ℞. GERMANICVS. COS. XVI. Esclave germaine en pleurs, assise à dr. sur un bouclier; dessous, une haste brisée (163). Or. Superbe pièce.

Voyez planche X.

495 La louve romaine (51). Pallas avec foudre et haste (234). Arg. — Ens. 2 p. FDC.

496 Autel (397). Couronne sur une chaise curule (395). Arg. — Ens. 2 p. FDC.

497 Mars marchant à g. (433). La Valeur à dr. (648 et 651). MB. — Ens. 3 p. B. et TB.

498 *Nerva*. IMP. NERVA. CAES. AVG. P. M. TR. P. COS. III. P. P. Tête laurée à dr. ℞. CONCORDIA. EXERCITVVM. Deux mains jointes tenant une aigle légionnaire posée sur une proue (28). Or. TB.

Voyez planche X.

499 L'Equité debout (6 et 9). Arg. 2 p. TB.

500 CONCORDIA EXERCITVVM. Mains jointes (16). Arg. FDC.

501 COS III. PATER. PATRIAE. Instruments de sacrifice (51). Arg. FDC.

502 LIBERTAS. PVBLICA. La Liberté debout (106). Arg. TB.

503 DIVO. NERVE (sic). Tête radiée. ℞. CONSECRATIO. Aigle (152). Bill. Très beau.

504 Deux mains jointes (17). La Fortune debout à g. (73). MB. — Ens. 2 p. TB. et B.

505 IMP. NERVA CAES. AVG. Modius. ℞. S. C. Caducée (137). PB. TB.

506 *Trajan*. IMP. TRAIANO. AVG. GER. DAC. P. M. TR. P. Buste lauré et drapé à dr. ℞. COS. V. P. P. S. P. Q. R. OPTIMO. PRINC. L'Arabie debout à g., tenant un rameau et un roseau; à ses pieds, un chameau (88). Or. TB.

Voyez planche X.

507 IMP. CAES. NERVA. TRAIAN. AVG. GERM. Tête laurée à dr. ℞. PONT. MAX. TR. POT. COS. II. La Fortune debout à g., tenant un gouvernail posé sur une proue et une corne d'abondance (300). Or. Très belle pièce.

Voyez planche X.

508 Mars à dr. (228). Statue équestre (497). Arg. — Aigle (666). Bill. — Ens. 3 p. TB.

509 La Dacie assise à g. (125). L'Abondance debout à g. (469 et 474). GB. — Ens. 3 p. B.

510 *Adrien.* HADRIANVS. AVGVSTVS. P. P. Buste lauré, drapé et cuirassé à dr. ℞. COS. III (à l'exergue). Adrien à cheval à dr., levant la main dr. (300). Or. Superbe.

Voyez planche X.

511 L'Equité debout (122). Adrien et la Fortune (788). Arg. — Ens. 2 p. FDC.

512 Adrien debout (1162). Adrien relevant la Gaule (1247). Arg. — Ens. 2 p. FDC.

513 ***Sabine.*** La Pudeur debout (62). Arg. FDC.

514 Vesta assise (81). Arg. TB.

515 ***Ælius.*** L. AELIVS. CAESAR. Tête nue à dr. ℞. CONCORD. (à l'exergue) TRIB. POT. COS. II. (à l'entour). La Concorde assise à g., tenant une patère et accoudée à une corne d'abondance (11). Or. TB.

Voyez planche X.

516 CONCORD. TR. POT. COS. II. Même type (1). Arg. TB.

517 La Piété sacrifiant à dr. (36). Arg. TB.

518 La Félicité à g., tenant un caducée (50). Arg. TB.

519 TR. POT. COS. II. S. C. L'Espérance marchant à g. (57). MB.

520 *Antonin.* ANTONINVS. AVG. PIVS. P. P. TR. P. XII. Tête nue à dr. ℞. COS. IIII. L'Equité debout à g., tenant une balance et une corne d'abondance (237). Or. FDC. Jolie pièce.

Voyez planche X.

521 ANTONINVS. AVG. PIVS. P. P. Buste lauré, drapé et cuirassé à dr. ℞. COS. IIII. La Félicité debout à g., tenant un capricorne et un caducée (250). Or. FDC. Très belle pièce.

Voyez planche X.

522 La Clémence à g. (124). Aigle (154 et 156). Arg. — Ens. 3 p. TB.

523 Bûcher (164). La Paix debout à g. (573). Arg. — Ens. 2 p. TB.

524 Apollon de face (62). L'Indulgence assise (452). L'empereur sacrifiant à g. (1120). GB. — Ens. 3 p. B.

525 La Monnaie debout à g. (554). La Paix à g. (594). GB. — Ens. 2 p. B. et TB.

526 Deux Ancilles (30). Génie sacrifiant (111). La Santé à g. (714). L'empereur sacrifiant (1121). MB. — Ens. 4 p. B., la dernière TB.

527 *Antonin et Marc-Aurèle.* Tête laurée d'Antonin à dr. ℟. Tête nue de Marc-Aurèle à g. (3). Arg. Très beau.

528 *Faustine mère.* DIVA. FAVSTINA. Buste à dr. ℟. AETERNITAS. La Fortune voilée debout à g., tenant une patère et un gouvernail posé sur un globe (2). Or. Très beau.

Voyez planche X.

529 DIVA. AVG. FAVSTINA. Buste à dr. ℟. AETERNITAS. Etoile (63). Arg. TB. Rare.

Voyez planche X.

530 Cérès debout à g. (136). Junon debout à g. (215). Arg. — Ens. 2 p. TB.

531 Cérès assise à g. (107). Junon debout à g. (211). MB. — Ens. 2 p. B. et TB.

532 *Marc-Aurèle.* ANTONINVS. AVG. ARMENIACVS. Tête laurée à dr. ℟. P. M. TR. P. XVIII. IMP. II. COS. III. Victoire debout à dr., attachant à un palmier un bouclier sur lequel on lit VIC. AVG. (466). Or. TB.

Voyez planche X.

533 La Concorde assise à g. (35). La Paix debout (440). La Piété (463). Arg. — Ens. 3 p. TB.

534 La Providence (508 et 628). Génie de l'armée (661). La Victoire (878). Arg. — Ens. 4 p. TB.

535 L'Honneur debout à g. (244). Couronne votive (995). GB. — Le Tibre couché à g. (348). La Valeur à dr (767). MB. — Ens. 4 p. B. et TB.

536 *Faustine jeune.* FAVSTINA. AVGVSTA. Buste à dr. ℟. SALVTI. AVGVSTAE. La Santé assise à g., nourrissant un serpent enroulé autour d'un autel (198). Or. Très belle.

Voyez planche X.

537 Paon à dr. (71). La Fécondité (99). Arg. — Ens. 2 p. TB.

538 Junon assise à g. (144). Vénus debout (255). Arg. — Ens. 2 p. TB.

539 La Fécondité debout à g. (96). L'Allégresse à g. (112). GB. — Ens. 2 p. TB. et B.

540 L'Allégresse à dr. (115). Junon à g. (143). La Joie à g. (151). MB. — Ens. 3 p. B. et TB.

541 *L. Vérus.* L. VERVS. AVG. ARM. PARTH. MAX. Buste lauré, drapé et cuirassé à dr. ℞. VICT. AVG. TR. P. XI. COS. II. Victoire tourelée volant à g., tenant un diadème des deux mains (337). Or. TB.

Voyez planche X.

542 Aigle (55). La Providence debout (144). Arg. — Ens. 2 p. TB.
543 Parthe captif assis (273). Victoire debout (279). Arg. — Ens. 2 p. TB.
544 TR. POT. VII. IMP. IIII. COS. III. S. C. Victoire marchant à g. (209). GB. Très beau.
545 *Lucille.* La Concorde assise (7). Junon debout (41). Arg. — Ens. 2 p. TB.
546 La Pudeur debout (60). Vénus nicéphore debout (89). Arg. — Ens. 2 p. TB.
547 VOTA PVBLICA dans une couronne de laurier (98). Arg. Très belle.
548 VENVS. S. C. Vénus debout à g. tenant une couronne (72). GB. B.
549 *Commode.* M. COMMODVS. ANTONINVS. AVG. Buste à dr. ℞. LIBERAL V. (à l'exergue) TR. P. VII. IMP. IIII. COS. III. P. P. (à l'entour). Commode assis à g. sur une estrade; derrière lui, un soldat; devant, la Libéralité; plus bas, un citoyen montant les degrés (313). Or. Très beau. Rare.

Voyez planche X.

550 L'Equité debout (538). Rome assise (647). Victoire assise (775). Arg. — Ens. 3 p. TB.
551 *Crispine.* CRISPINA. AVGVSTA. Tête à dr. ℞. CONCORDIA. Deux mains jointes (8). Arg. TB.
552 Autel des dieux génitaux (15). Vénus debout (35). Arg. — Ens. 2 p. TB.
553 CRISPINA. AVGVSTA. Buste à dr. ℞. IVNO. LVCINA. S. C. Junon debout à g. tenant une patère et un sceptre (24). MB. Très belle et charmante pièce.

Voyez planche VIII.

554 La Joie debout à g. (28). MB. — La Pudeur assise à g. (30). GB. — Ens. 2 p. B.
555 *Pertinax.* Tête laurée à dr. ℞. OPI. DIVIN. TR. P. COS II. L'Assistance divine assise à g. (33). Arg. B. Rare.
556 *Albin.* Tête laurée à dr. ℞. Mains jointes (24). Arg. FDC.
557 Tête nue. ℞. Rome assise à g. (61). Arg. TB.
558 *Septime Sévère.* L'Equité (19). Aigle (82). La Santé (531). Arg. — Ens. 3 p. TB.
559 SAECVLI. FELICITAS. S. C. La Félicité debout à g. (630). GB.

560 *Julie Domne*. L'Allégresse (72). La Piété (150). Arg. — Ens. 2 p. FDC.

561 *Caracalla*. Plautille et Caracalla debout (23). Le Soleil debout (288). La Providence (529). Arg. — Ens. 3 p. FDC.

562 L'empereur debout (546). Victoire parthique (661). L'empereur sacrifiant (689). Arg. — Ens. 3 p. FDC.

563 Mars (202). MB. — Même type (257). GB. — Ens. 2 p.

564 Esculape (304). MB. — La Providence (532). GB. — Ens. 2 p.

565 *Plautille*. Buste à dr. ℞. La Concorde (1). Arg. TB.

566 Même buste. ℞. PROPAGO. IMPERI. Plautille donnant la main à Caracalla (21). Arg. FDC.

567 *Géta*. La Félicité (38). La Fortune (62), Pallas (104). Arg. — Ens. 3 p. FDC.

568 Géta (117). La Sécurité (183). Victoire (206). Arg. — Ens. 3 p. FDC.

569 La Fortune (52). GB. (55). MB. — Ens. 2 p., la dernière B.

570 *Macrin*. Buste lauré à dr. ℞. L'Equité (2). Arg. TB.

571 La Fidélité tenant deux enseignes (60). Arg. TB.

572 La Sécurité debout (122). Arg. TB.

573 *Diaduménien*. M. OPEL. DIADVMENIANVS. CAES. Buste nu à dr. ℞. PRINC. IVVENTVTIS. Le César et 3 enseignes (6). Arg. TB.

574 M. OPEL. ANT. DIADVMENIANVS. Même buste. ℞. SPES PVBLICA. L'Espérance debout à g. (41). Arg. FDC.

575 Diaduménien debout à g.; derrière, 2 enseignes (13). MB.

576 *Elagabale*. L'Abondance debout (1). Vaisseau (27). Arg. — Ens. 2 p. FDC.

577 Mars marchant à dr. (113). La Santé à dr. (256). Victoire à g. (300). Arg. — Ens. 3 p. B. et TB.

578 *Soémias*. Vénus assise à g.; devant, un enfant (14). Arg. TB.

579 IVLIA. SOAEMIAS. AVG. Buste à dr. ℞. VENVS. CAELESTIS. S. C. Vénus debout à g. (11). GB.

580 *Maesa*. La Pudeur assise (36). La Félicité debout (45). Arg. — Ens. 2 p. TB.

581 *Alexandre Sévère*. Jupiter tonnant (83). Mars marchant à dr. (161). L'Espérance à g. (543). Arg. — Ens. 3 p. FDC.

582 La Sécurité assise à g. auprès d'un autel (537). GB. TB.

583 *Orbiane*. SALL. BARBIA. ORBIANA. AVG. Buste à dr. ℞. CONCORDIA. AVGG. La Concorde assise à g. (1). Arg. TB.

Voyez planche X.

584 *Mamée*. La Félicité appuyée sur une colonne (17). Arg. TB.

585 *Maximin I.* La Fidélité militaire (7). La Paix à g. (31). Arg. — Ens. 2 p. FDC.

586 *Maxime.* IVL. VERVS. CAES. Buste nu à dr. ℞. PIETAS. AVG. Instruments de sacrifice (1). Arg. FDC.

587 MAXIMVS. CAES. GERM. Buste à dr. ℞. PRINC. IVVENTVTIS. Maxime et 2 enseignes (10). Arg. Très beau.

Voyez planche X.

588 *Gordien d'Afrique fils.* IMP. CAES. M. ANT. GORDIANVS. AFR. AVG. Buste lauré à dr. ℞. VIRTVS. AVGG S. C. La Valeur debout à g. (15). GB. B. Rare.

589 *Balbin.* IMP. CAES. D. CAEL. BALBINVS. AVG. Buste radié à dr. ℞. CONCORDIA. AVGG. Deux mains jointes (3). Arg. FDC.

590 Même droit. ℞. FIDES. MVTVA. AVGG. Même type (6). Arg. FDC.

591 Même droit. ℞. PIETAS. MVTVA. AVGG. Même type (17). Arg. FDC.

592 IMP. C. D. CAEL. BALBINVS. AVG. Buste lauré à dr. ℞. VICTORIA. AVGG. Victoire debout à g. (27). Arg. FDC.

593 CONCORDIA. AVGG. S. C. La Concorde assise à g. (4). GB. B.

594 *Pupien.* IMP. CAES. PVPIEN. MAXIMVS. AVG. Buste radié. ℞. AMOR. MVTVVS. AVGG. Deux mains jointes (2). Arg. TB.

595 Même droit. ℞. CARITAS. MVTVA. AVGG. Même type (3). Arg. TB.

596 IMP. CAES. M. CLOD. PVPIENVS. AVG. Même buste. ℞. PATRES SENATVS. Même type (19). Arg. TB.

597 IMP. C. M. CLOD. PVPIENVS. AVG. Buste laurée à dr. ℞. PAX. PVBLICA. La Paix assise à g. (22). Arg. TB.

598 PAX. PVBLICA. S. C. La Paix assise à g. (23). GB. B.

599 *Gordien III.* IMP. GORDIANVS. PIVS. FEL. AVG. Buste lauré; drapé et cuirassé à dr. ℞. AETERNITATI. AVG. Le Soleil radié. à demi-nu, debout à g., levant la main droite et tenant un globe (37). Or. Très belle pièce.

Voyez planche X.

600 L'Equité à g. (25). Apollon assis (250). La Sécurité assise (340). Arg. — Ens. 3 p. TB.

601 *Philippe père.* Eléphant à g. (17). Couronne de laurier (39). Rome assise (165). Arg. — Ens. 3 p. FDC.

602 La louve romaine (178). Cerf à dr. (182). Antilope à g. (189). Temple (198). Philippe et son fils galopant à dr. (241). Arg. — Ens. 5 p. FDC.

603 MILIARIVM. SAECVLVM. S. C. Cippe avec COS. III. (95). GB. B.

604 *Otacilie.* La Pudeur assise (53). *Philippe fils.* La Paix à g. (23). Philippe debout (48). Arg. — Ens. 3 p. FDC.

605 *Philippe fils.* Les deux empereurs assis à g. (18). Philippe fils debout à dr. (55). GB. — Ens. 2 p. TB.

606 *Trajan Dèce.* ADVENTVS. AVG. Dèce à cheval (4). La Dacie debout debout (16). La Paix debout (91). Arg. — Ens. 3 p. FDC.

607 La Dacie à g. (18). La Foi militaire (37). Le génie de l'Illyrie (66 var.). GB. — Ens. 3 p. TB.

608 *Etruscille.* PVDICITIA. AVG. La Pudeur assise à g. (19). Arg. FDC.

609 *Hérennius.* PRINCIPI. IVVENTVTIS. Apollon assis à g. (22 varié). Arg. FDC.

610 *Hostilien.* MARTI. PROPVGNATORI. Mars marchant à dr. (15). Arg. TB.

611 C. VALENS. HOSTIL. MES. QVINTVS. AVG. Buste nu à dr. ℟. PRINC. IVVENT. S. C. Apollon assis à g. (27 var.). GB. B.

612 *Trébonien Galle.* La Félicité (41). La Piété (84). La Santé (117). Arg. — Ens. 3 p. FDC.

613 *Volusien.* La Concorde debout à g. (20). Arg. FDC.

614 *Emilien.* L'Espérance debout à g. (48). Arg. TB.

615 *Valérien père.* La Sécurité (205). La Victoire (230). *Mariniane.* Paon de face (3). Bill. — Ens. 3 p.

616 *Gallien.* La Santé (940). Victoire à g. (1060). La Valeur (1288). Bill. — Ens. 3 p. TB.

617 *Salonine.* Vesta assise à g. (142). *Salonin.* Aigle enlevant Salonin (5). La chèvre Amalthée (26). Bill. — Ens. 3 p. TB.

618 *Postume.* La Fortune (80). La Paix (218). Postume debout (243). Bill. — Ens. 3 p. TB.

619 *Dioclétien.* VICTORIA SARMAT. Quatre soldats sacrifiant devant la porte d'un camp (488). Arg. FDC.

620 VICTORIAE. SARMATICAE. Même type (491). Arg. Très beau.

621 Même lég. Porte de camp (492). Arg. FDC.

622 VIRTVS. MILITVM. Quatre soldats sacrifiant devant la porte d'un camp (517). Arg. TB.

623 *Maximien Hercule.* VICTORIA. SARMAT. Quatre soldats sacrifiant devant la porte d'un camp (548). Arg. Très beau.

624 VIRTVS MILITVM. Porte de camp (629). Arg. FDC.

625 *Constance Chlore.* CONSTANTIVS. CAES. Tête laurée à dr. ℟. XCVI dans une couronne de myrte (345). Arg. FDC.

Voyez planche X.

626 *Galère Maximien.* Quatre soldats sacrifiant devant la porte d'un camp (219). Arg. TB.

627 *Constantin I.* CONSTANTINVS. NOB. C. Tête laurée à dr. ℟. VIRTVS. MILITVM. Porte de camp ouverte, surmontée de 3 tourelles (706). Arg. FDC.

Voyez planche X.

628 *Constant.* FL. IVL. CONSTANS. P. F. AVG. Buste diadémé à dr. ℟. OB. VICTORIAM. TRIVMPHALEM. Deux Victoires tenant une couronne renfermant VOT. X. MVL. XV. (90). Sou d'or. FDC.

Voyez planche X.

629 FL. IVL. CONSTANS. P. F. AVG. Buste diadémé à dr. ℟. VICTORIA. DD. NN. AVGG. Victoire marchant à g. tenant une couronne et une palme (152). Arg. TB. Très rare.

630 CONSTANS. P. F. AVG. Même buste. ℟. Même lég. Victoire marchant à g., tenant une couronne et un trophée (156). Arg. TB.

Voyez planche X.

631 *Constance II.* VOTIS. XXX. MVLTIS. XXXX. dans une couronne de laurier (341). Arg. TB.

632 *Magnence.* D. N. MAGNENTIVS. P. F. AVG. Buste nu à dr. ℟. VICTORIA. AVG. LIB. ROMANOR. La Victoire et la Liberté tenant un trophée (49). Sou d'or. TB.

633 *Julien II.* FL. CL. IVLIANVS. PP. AVG. Buste barbu diadémé à dr. ℟. VIRTVS. EXERCITVS. ROMANORVM. Julien marchant à dr., traînant un captif et portant un trophée (78). Sou d'or. FDC.

Voyez planche X.

634 VOT. X. MVLT. XX. dans une couronne (148). Arg. TB.

635 VOTIS. V. MVLTIS. X. dans une couronne (159). Arg. TB.

636 *Jovien.* D. N. IOVIANVS. P. F. AVG. Buste diadémé à dr. ℟. VOT. V. MVLT. X. dans une couronne (33). Arg. TB.

637 *Valentinien I.* Buste diadémé à dr. ℟. Valentinien debout, tenant le labarum et une Victoire sur un globe (24). Sou d'or. TB.

638 Même droit. ℟. VICTORIA. AVGG. Les deux Augustes assis de face (43). Sou d'or. TB.

639 VOTIS. V. MVLTIS. X. dans une couronne (79). Arg. TB.

640 *Valens.* D. N. VALENS. P. F. AVG. Buste diadémé à dr. ℟. RESTITVTOR. REIPVBLICAE. Valens de face, tenant le labarum et une Victoire sur un globe (32). Sou d'or. Très beau.

641 VOT. XV. MVLT. XX. dans une couronne (100). Arg. FDC.

642 VRBS. ROMA. Rome assise à g. (109). Arg. FDC.

643 *Gratien.* D. N. GRATIANVS. P. F. AVG. Buste diadémé à dr. ℟. VICTORIA. AVGG. Les deux Augustes assis de face (38). Sou d'or. Très beau.

644 VRBS. ROMA. Rome assise à g. (86 et 87). Arg. 2 p. FDC.

645 *Valentinien II.* D. N. VALENTINIANVS. IVN. P. F. AVG. Buste diadémé à dr. ℞. VICTORIA. AVGG. Les deux Augustes assis de face (36). Sou d'or. FDC.

646 *Théodose I.* D. N. THEODOSIVS. P. F. AVG. Buste diadémé à dr. ℞. VICTORIA. AVGG. Les deux Augustes assis de face (37). Sou d'or. FDC.

647 CONCORDIA. AVGG. Constantinople assise de face (4). Arg. FDC.

648 *Magnus Maximus.* D. N. MAG. MAXIMVS. P. F. AVG. Buste diadémé à dr. ℞. VICTORIA. AVGG. Les deux Augustes assis de face (9). Sou d'or. FDC. Rare.

Voyez planche X.

649 VIRTVS. ROMANORVM. Rome assise (20). Arg. TB.

650 *Honorius.* D. N. HONORIVS. P. F. AVG. Buste diadémé à dr. ℞. VICTORIA. AVGGG. Honorius à dr. foulant un captif (44). Sou d'or. FDC.

651 Rome assise (59). *Arcadius.* VOT. X. MVLT. XV. dans une couronne. Arg. — Ens. 2 p. TB.

652 D. N. ARCADIVS. P. F. AVG. Buste à dr. ℞. VICTORIA. AVGGG. L'empereur à dr., le pied sur un captif; dans le champ R-V. (Sabatier, IV, 2). Sou d'or. FDC.

653 Variété avec M-D dans le champ du revers. Sou d'or. TB.

654 *Valentinien III.* Buste diadémé à dr. ℞. VICTORIA. AVGGG. Valentinien de face (Cohen, 19). Sou d'or de fabrique mérovingienne. TB.

655 La même pièce avec une petite couronne au-dessus de la tête de l'empereur (21). Sou d'or, bon style. FDC.

656 *Justin.* D. N. IVSTINVS. P. F. AVG. Buste diadémé à dr. ℞. VICTORIA. AVGVSTORVM. Victoire à dr., retournant la tête (S. IX. 12 var.) Triens. Or. FDC.

MONNAIES GAULOISES [1]

657 **Massilia**. Tête d'Artémis à dr. ℟. Lion à dr. (III. 1274). Drachme. — Tête d'Apollon à g. ℟. MA. Roue (II. 593) Obole. Arg. — Ens. 2 p. TB.

658 *Imitation Lémovice de Massilia*. Tête laurée à dr. ℟. Lion dans l'attitude du taureau cornupète; au-dessus, une lampe; devant, un épi (V. 2252). Arg. TB.

Voyez planche XI.

659 **Cabellio**. *Lépide*. CABE. Tête de nymphe à dr. ℟. LEPI. Corne d'abondance dans une couronne de myrte (VI. 2545). Obole. Arg. Très belle.

Voyez planche XII.

660 **Volcae Arecomici**. Buste d'Artémis à dr. ℟. AREC. Démos en toge, debout à g. (VI. 2677). Or. TB.

661 **Nemausus**. *Auguste et Agrippa*. IMP. DIVI. F. P. P. Têtes adossées. ℟. COL. NEM. Crocodile (VII. 2837). MB. TB.

662 **Volcae Tectosages**. Tête négroïde à g. ℟. Croix cantonnée de croissants recouvrant des points et un annelet (VIII. 2986). Arg. TB.

663 Variétés (VIII. 3040; IX. 3132 et 3190). Arg. — Ens. 3 p. B.

664 Autres variétés (IX. 3254 et 3293; X. 3433). Arg. — Ens. 3 p. B.

665 **Arverni**. Tête laurée d'Apollon à dr. ℟. Bige à dr.; dessous, une triskèle (Type dégénéré de XI. 3859). Statère. Or. TB.

Voyez planche XI.

666 Tête à g. ℟. Cheval galopant à g.; dessus et dessous, un annelet (XI. 3711). Statère. Or. TB.

Voyez planche XI.

667 Tête à g.: devant, une petite figure debout à dr., tenant un bâton. ℟. Cheval galopant à g.; dessous, la triskèle (XI. 3722). Statère. Or. B. Rare.

(1) Les numéros entre parenthèses se rapportent à l'ouvrage de Muret : *Monnaies gauloises de la Bibliothèque nationale*. Ceux qui portent l'indication de la planche sont gravés dans l'Atlas de M. H. de La Tour.

668 Tête à g. ℞. Cheval galopant à g.; dessus et dessous, une lyre (XI. 3740). Statère. Or. TB.

Voyez planche XI.

669 Tête jeune imberbe nue à g. ℞. Cheval à g.; dessus, un fleuron; dessous, une cigogne mangeant un serpent (XII. 3755). Statère. Or. TB.

Voyez planche XI.

670 Tête jeune à g. ℞. Cheval galopant à g.; au-dessus, une lyre (XII. 3761 varié). Statère. Or. B.

Voyez planche XI.

671 CAS. Tête diadémée à g. ℞. Cheval galopant à g.; dessus, fleuron; dessous, cigogne à droite, mangeant un serpent (XII. 3764), Statère. Or. TB. Rare.

Voyez planche XI.

672 Tête jeune à g. ℞. Cheval galopant à g.; dessus, S couché; dessous, une amphore (XII. 3767). Statère. Or. TB.

Voyez planche XI.

673 Tête à g. d'assez bon style rude, les cheveux crêpelés. ℞. Aurige conduisant un cheval à g.; dessous, une lyre (manque à LT). Statère. Or. TB.

Voyez planche XI.

674 *Epadnactus.* EPAD. Buste jeune avec casque lauré à dr. ℞. Guerrier debout, tenant une enseigne militaire, un bouclier rond et une lance (XII. 3900). Arg. TB.

Voyez planche XI.

675 **Bituriges Cubi.** Tête à dr., les cheveux en grosses mèches. ℞. Cheval à dr.; sur la croupe, une grue; dessous, un trèfle (XIII. 4066). Demi-statère. Or. TB. Rare.

Voyez planche XI.

676 Tête à g. ℞. Aurige avec de grandes ailes dans un bige à g. (XIV. 4588). Quart de statère. Or. B.

677 *Cambotre.* Tête laurée à g. ℞. Cheval galopant à g.; dessus; une épée; dessous, CAMBOTRE (XIV. 4131). Arg. TB.

Voyez planche XI.

678 **Petrocorii.** *Contoutos.* CONTOVTOS. Tête nue de Marc-Antoine à dr. ℞. Loup à dr., la patte sur un bucrâne; derrière, un arbre (XII. 4316). Br. TB.

679 *Lucios.* Tête de Diane à g. ℞. Guerrier debout, tenant l'enseigne au sanglier (XII. 4336). Arg. B.

680 *Atectorix.* ATECTORI. Tête nue à dr. ℞. Taureau à dr., au dessus, une couronne; au bas, un fleuron (XII. 4349). Br. TB.

681 *T. Pom. Sex. f.* SEX. F. Buste à dr. ; derrière S. ℞. T. POM. Taureau à dr. (XII. 4353). Br. B.

682 **Pictones**. Tête à dr. ℞. Cavalier galopant à dr. (XIII. 4439). Arg. B.

683 Même tête. ℞. Même cavalier ; sous le cheval, un fleuron (XIII. 4446). Arg. B.

684 *Durat.* DVRAT. Tête de Vénus diadémée à g. ℞. IVLIOS. Cheval galopant à dr. ; au dessous, un temple (XIII. 4478). Arg. B.

685 *Viipotal.* Tête de Vénus à g. ℞. ...POTALO. Guerrier cuirassé debout, tenant une haste et un bouclier (XIII. 4484 var.). Arg. Très beau.

Voyez planche XI.

686 Tête de Vénus à dr. ℞. VIIPOTAL. Même type (manque à M.). Arg. TB.

687 Tête de Diane à g. ℞. Même lég. Lion passant à g. (XIII. 4495). Arg. B.

Voyez planche XI.

688 **Santones**. Tête à dr., les cheveux en grosses mèches. ℞. Cheval androcéphale avec aurige tenant le torquès à dr. ; dessous, main (XIII. 4512). Electrum. TB.

Voyez planche XI.

689 **Lemovices**. Tête laurée à dr. ℞. Bige à dr. ; dessous, une fleur ; à l'exergue, légende simulée (XIII. 4543 var.). Statère. Or. TB.

Voyez planche XI.

690 *Segusiavi.* SEGISV en creux sur une tête barbare. ℞. Génie ailé de face sur un cheval à dr. (VII. 4628). Pot. B.

691 *Ædui.* Tête d'Apollon à dr. ℞. Bige à dr. ; dessous, **ΦΙΛΙΠΠΟΥ** en caractères grossiers (XV. 4832 var.). Statère. Or. Ecrasé.

692 *Anorbo.* Tête casquée à dr. ; devant, NORBO. ℞. Cheval sanglé à dr. ; au dessus, annelet centré d'un point ; dessous, traces du nom DVBN. (XV. 4972 var.). Arg. TB.

693 *Anépigraphes* (XVI. 5252). Arg. (5275). Pot. *Mandubii.* Tête à g. ℞. Taureau cornupète (XVI. 5284). Pot. — Ens. 3 p. B.

694 **Sequani**. Tête à g. ℞. Sanglier à g. (XVI. 5351). Arg. — Tête barbare. ℞. Quadrupède à g. (XVI. 5368). Pot. — Ens. 2 p. AB.

695 *Q. Doci.* Q. DOCI. Tête casquée à g. ℞. Cheval à g. (XVI. 5405 et 5406). Arg. — Ens. 2 p. B.

696 *Togirix.* TOGIR. Tête casquée à g. ℞. TOGI. Cheval à g. (XVI. 5550). Arg. — TOG. Tête casquée à dr. ℞. TOG. Lion à dr. (XVII. 5629). Pot. — Ens. 2 p. B.

697 **Carnutes**. Tête d'Apollon à dr. ℞. Bige à dr.; sous les chevaux, lyre renversée (XVIII. 5951 var.). Statère barbare. Or. TB.

Voyez planche XI.

698 Tête imberbe à dr. ℞. Deux chevaux superposés courant à dr. ; au dessus, branche de laurier (XVIII. 5986). Arg. TB.

699 Variété (XVIII. 5994). Autre, les chevaux à g. (6002) Arg. — Ens. 2 p. B.

700 Tête à g. ℞. Chevaux superposés courant à g. ; au dessus, triskèle (XVIII. 6011). Arg. B.

701 Tête à dr. ℞. Cheval à dr. ; au dessus, loup accroupi ; dessous, triskèle (XVIII. 6017). Arg. B.

702 Tête à g. ℞. Le précédent (6023). Arg. TB.

703 Tête à g., une rouelle sur la joue. ℞. Aigle à g. ; au dessus, un large croissant (6074 variété). Demi-statère. Or. B.

Voyez planche XI.

704 Tête à dr. ℞. Aigle, aiglon, pentagone et croisette (XIX. 6088). Tête à g. ℞. Aigle éployé (XIX. 6132). Pot. — Ens. 2 p. TB.

705 Tête à g. Cheval à dr. ; dessous, un sanglier (XIX. 6202). Br. TB.

706 *Tasgetius*. EAKESOOYIZ. Tête d'Apollon à dr. ℞. TASGIITIOS. Pégase galopant à dr. (XIX. 6295). Br. TB.

Voyez planche XI.

707 *Conetodun*. Tête de Vénus à dr. ℞. Lion marchant à dr. (XIX. 6337). Br. B.

708 *Andecom*. ANDECOM. Tête à g. ℞. Cheval à g. ; dessous un sanglier (XIX. 6342). Arg. TB.

Voyez planche XI.

709 **Osismii**. Tête d'Ogmios à dr., coiffée du sanglier et entourée de cordons de perles. ℞. Cheval androcéphale à dr. conduit par un aurige; dessous, génie couché (XXI. 6519 varié). Statère. Or. B.

Voyez planche XI.

710 Tête à dr. sous le sanglier, entourée de cordons. ℞. Cheval androcéphale à g. ; dessous, un sanglier à dr. (XXII. 6541). Bill. TB.

711 **Curiosolitae**. Tête à dr., les cheveux enroulés. ℞. Cheval à tête d'oiseau à dr. (XXII. 6634). Bill. — Cheval androcéphale à g. (XXII. 6676). Br. — Ens. 2 p. TB.

712 **Andecavi** ou **Namnetes**. Tête d'Ogmios à dr. avec cordons de perles. ℞. Aurige et cheval androcéphale à dr.; dessous, figure à mi-corps (XXI. 6728 varié). Statère. Or. Très beau.

Voyez planche XI.

713 **Redones**. Tête laurée à dr, ℞. Cheval androcéphale et aurige à dr.; dessous, roue (XXIII. 6783 var.). Bill. AB.

714 **Aulerci Cenomani**. Tête d'Ogmios à dr., coiffée du sanglier et entourée de cordons de perles. ℞. Cheval androcéphale et aurige à dr.; dessous, génie ailé (XXIII. 6826). Statère. Or. Très beau. *Voyez planche XI.*

715 Variété de la pièce précédente. Statère. Or. B. *Voyez planche XI.*

716 Tête laurée à dr., une mèche isolée sur le front. ℞. Cheval androcéphale et aurige à dr.; dessous, un guerrier couché à dr. (XXIII. 6858). Statère. Or. Très beau. *Voyez planche XI.*

717 Tête d'Ogmios à dr. avec des cordons auxquels sont attachées des têtes. ℞. Cheval androcéphale et aurige; dessous, génie ailé (XXIII. 6879). Statère. Or. TB. *Voyez planche XII.*

718 *Indéterminée de l'Armorique*. Tête laurée à dr. ℞. Bige à dr.; dessous, une roue. Quart de statère. Or.

719 **Unelli**. Tête laurée d'Apollon à dr. ℞. Bige à dr.; dessous, un méandre (6931). Demi-statère. Or. B. Rare.

720 **Baiocasses**. Type confus. ℞. Cheval à g., l'aurige assis sur la croupe; dessous, lyre; à l'exergue, ΠΠΠΙ. (Voy. le revers XXIV. 6953). Quart de statère. Or. B.

721 Tête d'Ogmios à dr.; au dessus, sanglier. ℞. Aurige et cheval androcéphale à dr.; devant, un vexillum; dessous, un sanglier à g. (XXV. 6955). Statère. Or. Très beau. *Voyez planche XII.*

722 Variété; le sanglier est tourné à dr. (XXV. 6967). Statère. Or. TB. *Voyez planche XII.*

723 Mêmes types. Statère de billon. TB.

724 **Caletes**. *Ateula*. ATEVLA. Buste ailé à g. ℞. VLATOS. Cheval à dr., la tête levée; dessous, pentalpha et croissant (XXIX. 7191). Arg. B.

725 **Parisii**. Tête à dr.; devant la bouche, un fleuron. ℞. Cheval à g.; au dessus, filet triangulaire avec un point dans chaque maille (XXXI. 7779). Statère. Or. coup de cisaille, mais TB. *Voyez planche XI.*

726 Même tête, les cheveux en grosses mèches, ornés *d'une étoile*. ℞. Le précédent; sous le cheval, une rosace (manque à M.). Statère. Or. Très beau et très rare.

Voyez planche XI.

727 Tête à dr. ℟. Cheval à g.; devant, **S**; au-dessus, rosace et filet (XXXI. 7804). Quart de statère. Or. B.

728 **Bellovaci**. Tête laurée à dr., à grande chevelure frisée. ℟. Cheval à dr.; au-dessus, une Victoire (XXXII. 7878 var.). Statère. Or. B.

729 Tête laurée à g., avec grande chevelure frisée et ligne verticale au-dessus de l'oreille. ℟. Bige à g. et Victoire (XXXII. 7886). Statère. Or. Très beau.

Voyez planche XI.

730 **Remi**. Type très dégénéré de l'œil de profil. ℟. Cheval à dr. avec aurige; dessous, une roue (XXXII. 8020 var.). Statère. Or. TB.

731 Trois bustes à g. (XXXII. 8040). *Atisios*. Tête à g. (8082). Tête de Janus (8106). Br. — Ens. 3 p.

732 **Catalauni**. Ours (XXXII. 8124). Sanglier (8145). Pot. *Incertaines de l'Est* (8184). Arg. — Tête de bœuf (8351). Pot. — Ens. 4 p.

733 **Atrebates**. Tête laurée dégénérée à dr. ℟. Cheval disloqué à dr. (XXXV. 8597). Statère. Or. TB.

734 *Andobru*. ANDOBRV. Buste imberbe casqué à g. ℟. Cavalier à dr. (XXXV. 8673). Br. TB.

735 **Morini**. Cheval disloqué à dr.; dessous, globule et croissant. ℟. Lisse. Statère. Or. TB.

736 Même type varié; sous le cheval, une ligne en zigzag ornée de points. ℟. Lisse, traversé par une baguette. Statère. Or. TB.

737 Globule marqué d'une croisette (manque à M.). Statère. Or. TB.

738 **Nervii**. Tête disloquée, dite à l'épsilon. ℟. Cheval à gorge fourchue; au-dessus, une roue (XXXV. 8755). Statère. Or. TB.

739 Même pièce variée (XXXV. 8760). Statère. Or. TB.

740 Tête disloquée, dite à l'épsilon. ℟. VIROS. Cheval à g. (XXXV. 8766). Statère. Or. B. Rare.

741 **Mediomatrici**. Tête d'Apollon à g. ℟. Pégase à dr.; à l'exergue, points simulant une légende (8956). Quart de statère. Or. B.

742 Tête de Vénus. ℟. MEDIOMA. Pégase (8953). Br. **Leuci**. (XXXVII. 9044). Pot. **Treviri**. *Germanus Indutili* (9248). Br. — Ens. 3 p.

743 **Boii**. Triquètre dans une couronne de feuillage. ℟. Six doubles annelets (XXXIX. 9439). Statère. Cuivre. B.

744 **Gaulois de Pannonie**. Tête barbue à dr. ℟. Cavalier tenant une palme allant au pas, à g. Tétradr. Arg. TB.

745 Tête imberbe, à triple diadème perlé, à dr. ℟. Cavalier sans jambes allant au pas à g. Tétradr. Arg. TB.

MONNAIES FRANCAISES

CAROLINGIENS [1]

746 **Charlemagne et Grimaud**. *Bénévent*. + GRIM-VAL DX. Buste de Grimaud de face, tenant le globe crucigère. ℟. DOMS. CAR RX. Croix sur 3 degrés, accostée de G-R; au bas, VIC (XI. 145). Sou d'or. Très beau.

Voyez planche XII.

747 GRIM-VALD. Même type. ℟. Même lég. Croix sans les degrés (XI. 154). Triens. Or. TB.

748 **Charlemagne**. *Melle*. + CARLVS REX FR. Croix. ℟. + MET + VLLO. Monogr. par K (XIII. 209). Denier. Arg. 2 p. TB.

749 **Louis-le-Débonnaire**. *Imitation Frisonne*. Lég. simulée. Tête laurée informe à dr. ℟. Lég. fictive. Croix dans un cercle (XIV. 16 varié). Sou d'or barbare.

Voyez planche XII.

750 *Metallum*. + HLVDOVVICVS IMP. Croix. ℟. METALLVM en 2 lignes (XVI. 68). Denier. Arg. TB.

751 *Tours*. Même droit. ℟. TVRO-NES en 2 lignes (XIX. 131). Denier. Arg. TB.

752 *Venise*. Même droit. ℟. + VEN-ECIAS en 2 lignes (XIX. 140). Denier. Arg. TB.

753 *Christiana Religio*. Deniers au temple. Arg. — Ens. 4 p. lég. variées. TB.

754 **Charles le Chauve**. *Angers* (XXV. 9). *Blois* (XXVII. 52). Deniers. Arg. — Ens. 2. p. TB.

755 *Chartres*. + GRATIA D-I REX. Monogr. par K. ℟. + CARNOTIS CIVITA. Croix (XXVIII. 73). Denier. Arg. TB.

756 *Laon*. Même droit. ℟. + LVGDVNI CLAVA. Croix (XXX. 125). Denier. Arg. TB.

---

(1) Les numéros entre parenthèses sont ceux de Gariel : *Monnaies royales de France sous la race Carolingienne.*

757 *Courtisson* (XXVIII. 94). *Le Mans* (XXX. 129). *Nevers* (XXIV. 91). Deniers. Arg. — Ens. 3 p. TB.

758 *Orléans.* + CARLVS REX FR. Croix cantonnée de points. ℟. AVRELIAAIS. Portail (XXII. 11). Denier. Arg. TB.

759 Monogramme par K (XXXI. 164). *Paris* (XXXII. 182). Denier. Arg. — Ens. 2 p. TB.

760 *Le Palais.* + GRATIA D-I REX. Monogr. ℟. + PALATINA MONE (XXXII. 169). Denier. Arg. TB.

761 *Quentovic.* Même droit. ℟. QVVENTOVVICI. Croix cantonnée de 2 globules (XXXII. 187). Denier. Arg. TB.

762 *Reims.* Même droit. ℟. + REMIS CIVITAS. Croix (XXXIII. 193). Denier. Arg. TB.

763 *Rennes.* Même droit. ℟. + HREDONIS CIVITAS. Croix (XXXIII. 199). Denier. Arg. TB.

764 *Rouen.* + GRATIA DI REX. Monogr. par C. ℟. + ROTVMACVS CIVI. Croix (XXXIII. 207). Denier. Arg. TB.

765 *Saint-Denis.* Monogr. par **K.** ℟. + **SCI ΔIONVSI IM.** Croix (XXXIV. 221). Denier. Arg. TB.

766 *Toulouse.* + CARLVS REX FR. Croix. ℟. + TOLOSA CIVI. Monogr. (XXIII. 67 varié). Denier. Arg. TB.

767 *Tours.* Monogr. ℟. +. TVRONES CIVITAS. Croix (XXXVI. 267). Denier. Arg. TB.

768 **Carloman.** *St Nazaire d'Autun.* + KARL GTIO. Dans le champ RX. ℟. MONT S. NAZ. Croix (XXXIX. 16). Denier. Arg. TB. Rare.

Voyez planche XII.

769 **Eudes.** *Angers* (XLVI. 4). *Blois* (XLVI. 9). Deniers. Arg. — Ens. 2 p. TB.

770 *Limoges* (XLVII. 26). *Toulouse* (XLVIII. 54). Deniers. Arg. — Ens. 2 p. TB.

771 *Tours* (XLVIII. 56 varié). Denier. Arg. TB.

772 **Raoul.** *Orléans.* + GRATIA D-I. Monogr. ℟. + AVRELIANIS CIVITAS. Croix (LIV. 33). Denier. Arg. TB. Rare.

Voyez planche XII.

773 **Lothaire.** *Bourges* (LVII. 9). *Melle* (Type immobilisé au nom de Charles. Deniers. Arg. — Ens. 2 p. TB.

CAPÉTIENS [1]

774 **Hugues Capet**. *Beauvais*. + HERVEVS. HVGŌ REX. Croix cantonnée de 2 points. ℟. BELVACVS CIVITAS. Dans le champ, monogr. CROLS (9). Denier. Bill. TB.

775 **Philippe I**. *Dreux*. + PILIP-S REX I. Temple. ℟. + DRVCAS CASTA. Croix cantonnée de deux c (27). Denier. Bill. TB.

776 **Louis VI**. *Orléans* (8). *Château Landon* (14). **Louis VII**. *Mantes*. (3). *Angoulême*. Type immobilisé (18). 2 p. variées. Deniers. Bill. — Ens. 5 p. TB.

777 **Philippe II**. *Arras* (3 varié). **Louis VIII**. *Denier parisis* (1). **Louis IX**. *Denier tournois* (13). 2 p. Bill. — Ens. 4 p. B. et TB.

778 **Philippe III**. *Gros tournois*. + PHILIPPVS. REX. Croix. ℟. TVRONVS. CIVIS. Châtel surmonté d'un lis (4). Arg. TB.

779 Autre avec PHILIPVS et châtel surmonté d'une croix (5). Arg. TB.

780 **Philippe IV**. *Masse d'or*. + PHILIPPVS : DEI : GRA : FRANCHORVM : REX. Le roi assis, dans une rosace. ℟. + XPC : etc. Croix cantonnée de lis dans un quadrilobe (4). Or. Très belle.

Voyez planche XII.

781 *Maille tierce* (7). Arg. *Denier tournois*. (16). *Bourgeois simple* (28) Bill. — Ens. 3 p. TB.

782 **Louis X**. *Gros tournois* (2). Arg. TB.

783 **Philippe V**. *Gros tournois* (2). Arg. 2 variétés. TB.

784 **Charles IV**. *Royal d'or*. KOL. REX. FRACOR. Le roi debout sous un dais. ℟. + XPC. etc. Croix dans un quadrilobe (2). Or. Très beau.

785 *Gros tournois*. + KHAROLVS REX. Type des gros tournois (6). Arg. TB.

786 **Philippe VI**. *Royal*. PHS. REX. FRACOR. Le roi debout sous un dais. ℟. + XPC. etc. Croix (1). Or. Très beau.

787 *Ecu d'or*. + PHILIPPVS : DEI. GRA. FRANCORVM. REX. Le roi tenant un écu, assis sur un siège gothique. ℟. + XPC : etc. Croix (3). Or. TB.

788 *Lion d'or*. PH : DEI : GRA. FRANC : REX. Le roi assis, tenant deux sceptres, les pieds sur un lion. ℟. + : XPC : etc. Croix (6). Or. TB.

789 *Pavillon d'or*. PHILIPPVS : DEI GRA : FRANCHORVM : REX. Le roi assis sous un pavillon fleurdelisé. ℟. + XPC : etc. Croix (8). Or. Très beau.

Voyez planche XII.

---

[1] Les numéros entre parenthèses se rapportent à l'ouvrage de H. Hoffmann. *Monnaies royales de France depuis Hugues Capet jusqu'à Louis XVI.*

790 *Chaise d'or.* + PHILIPPVS : DEI : GRACIA : FRANCORVM : REX. Le roi assis sur un siège gothique dans une rosace. ℟. + : XPC : etc. Croix (14). Or. Très belle pièce. FDC.

Voyez planche XII.

791 *Gros à la queue* (22). *Gros à la couronne* (25). *Gros à la fleur de lis* (29). Bill. — Ens. 3 p. B.

792 **Jean-le-Bon.** *Ecu d'or.* + IOHANNES : DEI. GRA. FRANCORVM : REX. Le roi tenant un écu, assis de face. ℟. + XPC : etc. Croix (1). Or B.

793 *Mouton d'or.* + AN. DEI. etc. Agnel à g.; dessous IOH REX. ℟. + XPC: etc. Croix (3). Or. TB.

794 *Royal d'Or.* IOHES : DEI GRA FRANCORV : REX. Le roi debout sous un dais. ℟. + XPC : etc. Croix (8). Or. TB.

795 *Franc-à-cheval.* IOHANNES. etc. Le roi armé, galopant à g. ℟. + XPC. etc. Croix (10). Or. TB.

796 *Gros tournois à la couronne.* Type ordinaire, une couronne au dessus du châtel (16). Arg. TB.

797 *Gros blanc à la couronne.* Croix cantonnée de 2 lis. ℟. Couronne (25). Bill. TB.

798 *Gros blanc à la fleur de lis* (3). *Gros à la patte d'oie* (49). Bill. — Ens. 2 p. B.

799 **Charles V.** *Franc-à-pied.* KROLVS. DI. GR. FRANCORV. REX. Le roi debout sous un dais. ℟. + XPC. etc. Croix (2). Or. TB.

800 *Gros tournois* (6). Arg. *Blanc aux fleurs de lis* (7). Bill. — Ens. 2 p. B.

801 **Charles VI.** *Ecu d'or* + KAROLVS. etc. Écu couronné. ℟. + XPC : etc. Croix (1). Toulouse. Or. Très beau.

802 *Agnel.* + AGN : etc. Agneau à g.; dessous, K. F. RX. ℟. + XPC. etc. Croix cantonnée de 4 lis (3). Or. TB.

803 — Variété. La croix cantonnée de 3 lis et d'une croisette (4). Or. TB.

804 *Gros.* Croix. ℟. Trois lis sous une couronne (11). TB.

805 *Gros aux fleurs de lis.* Trois lis. ℟. Croix (15). Arg. Très beau.

806 *Florette* (17). *Guénar* (22). *Demi-blanc* (26). *Niquet* (34). *Obole* (41). — Ens. 5 p. B. et TB.

807 **Henri VI.** *Salut.* HENRICVS : DEI : GRA : FRACORV : Z : AGLIE : REX. L'Annonciation. ℟. XPC. etc. Croix entre un lis et un léopard (3). Rouen. Or. TB.

808 **Charles VII.** *Ecu à la couronne.* + KAROLVS. etc. Ecu accosté de 2 lis couronnés. ℟. + XPC. : etc. Croix (2). Ste Menehould. Or. B.

809 — Autre. L'écu accosté de deux couronnes (3). Fouras. Or. TB. Rare.

810 — Autre. Couronnelle devant la légende; l'écu est accosté de deux lis couronnés (6). Montpellier. Or. Très beau.

811 *Demi-écu.* (Couronnelle) KAROLVS. etc. Écu. ℟. XPC. etc. Croix (8). Rouen. Or. TB.

812 *Royal d'or.* + KAROLVS. etc. Le roi debout avec manteau fleurdelisé; dans le champ, 5 lis à g. et 5 à dr. ℟. XPC. etc. Croix (9). Angers. Or. TB.

813 — Variété avec col plat; dans le champ, 7 lis à g. et 7 à dr. Or. TB.

814 *Grand blanc des Gens d'armes.* Grand K couronné entre 2 lis. ℟. Croix (18). Angers. Bill. B.

815 *Petit blanc au K.* Mêmes types (19). Montpellier. Bill. TB.

816 *Gros de roi.* Trois lis dans une couronne. ℟. Croix (22). Lyon. Arg. TB.

817 *Grand blanc* (36). Orléans. *Grand blanc aux 3 fleurs de lis* (39). La Rochelle. Bill. — Ens. 2 p. B. et TB.

818 **Louis XI.** *Écu au soleil.* (Couronnelle) LVDOVICVS (deux F cursifs) DEI : GRA : FRANCORVM : REX. Écu timbré d'un soleil. ℟. (Couronnelle) XPS (deux F cursifs) VINCIT : etc. Croix (1). Toulouse. Or. Très beau.

819 *Demi-écu au soleil.* Mêmes types (2). Toulouse. Or. B. Rare.

820 *Écu à la couronne.* (Couronnelle) LVDOVICVS. etc. Écu entre 2 lis couronnés. ℟. XPC. etc. Croix (4). Saint-Lô. Or. TB.

821 *Gros de roi.* Trois lis sous une couronne (12). Lyon. Arg. B.

822 *Grand blanc à la couronne* (15). Paris. *Grand blanc au soleil* (19). Tours. *Maille tournois* (39). Bill. — Ens. 3 p. B. et TB.

823 **Charles VIII.** *Écu au soleil.* (lis) KAROLVS. etc. Écu timbré d'un soleil. ℟. (lis) XPS : etc. Croix (2). Lyon. Or. TB.

824 *Blanc au soleil.* Trois lis dans un trilobe (17). Saint-Lô. Bill. TB.

825 *Carolus.* Grand K couronné entre 2 lis (19). Rouen. Bill. TB.

826 **Louis XII.** *Écu au soleil.* LVDOVICVS : etc. Écu timbré d'un soleil. ℟. XPS : etc. Croix (1). Lyon. Or. TB.

827 *Écu aux porcs-épics.* + LVDOVICVS : etc. Écu tenu par deux porcs-épics. ℟. + XPS : etc. Croix cantonnée de deux L et 2 porcs-épics (6). Lyon. Or. Très beau.

828 *Écu au porc-épic. Bretagne.* LVDOVICVS : etc. BRITONV : DVX : N. Écu sur un porc-épic entre 2 hermines couronnées. ℟. DEVS : IN ADIVTORIVM : MEVM : INTENDE : N : Croix cantonnée de 4 hermines couronnées (9). Nantes. Or. TB.

829 *Demi-gros de roi.* Écu entre deux lis couronnés (25). Lyon. Arg. B.

830 *Douzain au porc-épic*. Ecu sur un porc-épic. ℟. Croix cantonnée de lis (33). Rouen. Bill. TB. Rare.

831 *Teston de Milan*. + LVDOVICVS. DG. FRANCORVM. REX. Buste à dr. avec chaperon fleurdelisé. ℟. MEDIOLANI. DVX. Saint Ambroise à cheval à dr.; dessous, écu de France (87). Arg. TB. Très rare. *Voyez planche XII*.

832 *Patard de Milan*. Trois lis. ℟. Croix florencée (100). Bill. TB.

833 **François I**. *Ecu au soleil*. + FRANCISCVS. etc. Ecu timbré d'un soleil. ℟. + XPS. etc. Croix cantonnée de 2 F et 2 lis (4). Lyon. Or. TB.

834 *Ecu du Dauphiné*. FRANCISCVS : etc. Champ écartelé. ℟. P XPS : etc. Croix fleurdelisée (19). Romans. Or. Très beau.

835 *Ecu de Bretagne*. + FRANCISCVS : etc. BRITANIE : DVX. Ecu entre F et une hermine couronnés. ℟. + DEVS : etc. N : Croix cantonnée de 2 F et 2 hermines couronnés (25). Nantes. Or. TB.

836 *Ecu à la salamandre*. FRANCISCVS. etc. Ecu accosté de 2 salamandres. ℟. + XPS. etc. Croix cantonnée de 2 salamandres et 2 F (27). La Rochelle. Or. B. Rare.

837 *Teston*. + FRANCISCVS etc. Buste couronné et cuirassé à dr. ℟. NO NOBIS etc. Ecu entre 2 F couronnés (42). Lyon. Arg. TB.

838 *Demi-teston*. Mêmes types (49). Lyon. Arg. TB.

839 *Teston du Dauphiné*. Même droit. ℟. + SIT. etc. R. I. Champ écartelé (manque à H). Romans. Arg. TB. Rare.

840 — + FRANCISCVS. etc. DALPH. Buste couronné à dr. ℟. SIT. etc. E. Ecu écartelé (56). Arg. TB. Rare. *Voyez planche XII*.

841 — Variété, avec N à la fin des légendes et un dauphin au-dessus de l'écu. Arg. B. Rare.

842 *Teston*. + FRANCISCVS. etc. Buste barbu, radié et cuirassé à dr. ℟. + NO NOBIS. etc. Ecu dans une rosace (81). Lyon. Arg. B.

843 *Demi-teston*. (tour) FRANCISCVS etc. (85). Tours. Arg. Mêmes types. TB. Rare. *Voyez planche XII*.

844 *Douzain de Bretagne* (97). Rennes. *Douzain à la Croisette* (108). Toulouse. Bill. — Ens. 2 p. B.

845 **Henri II**. *Teston*. HENRICVS. 2. etc. Buste couronné et cuirassé à dr. ℟. + XPS. etc. 1552. Ecu accosté de 2 H couronnés (32). Lyon. Arg. Très beau.

846 *Demi-teston*. Mêmes types 1555 (34). Paris. Arg. Très beau.

847 *Teston au moulin*. HENRICVS II. etc. Tête laurée à dr. ℟. CHRS. etc. 1553. Ecu (40). Paris. Arg. TB.

848 — Même tête variée. ℟. Même revers sans date (52). Paris. Arg. TB.

849 — Même lég. Buste lauré et cuirassé à dr. ℟. + CHRS. etc. 1554. Même écu (57). Paris. Arg. TB.

850 *Demi-teston au moulin*. Mêmes types (58). Paris. Arg. TB.

851 *Teston*. Buste nu, cuirassé à dr. ℟. XPS. etc. Ecu accosté de 2 H couronnés (62). Bordeaux. Arg. B.

852 — Variété avec grosse tête, datée 1579 (65). Toulouse. Arg. TB.

853 *Demi-teston*. Mêmes types (66). Toulouse. Arg. Très beau.

854 *Gros de Nesle*. 1550 (70). Paris. *Demi-gros de Nesle*. 1551 (72). Paris. *Douzain aux croissants*. 1558 (74). Lyon. Bill. — Ens. 3 p. TB.

855 **François II**. *Teston* à l'effigie de Henri II, daté 1560. Lyon. Arg. TB.

856 **François II et Marie Stuart**. *Gros d'Ecosse*. + FRAN. ET. MA. D. G. R. R. FRANCO. SCOTOR. Q. Ecu parti de France et Ecosse, accosté de + — X. ℟. VICIT. LEO. DE. TRIBV. IVDA. 1560. Dans le champ, monogr. FM couronné, accosté d'un lis et un chardon couronnés (3). Arg. Très beau. Rare.

857 **Charles IX**. *Ecu d'or*. CAROLVS. VIIII. etc. MDLXII. Ecu. ℟. + CHRISTVS. etc. Croix fleurdelisée (1). Lyon. Or. Très beau.

858 *Essai du teston*. CAROLVS. VIIII. D. G. FRANCO. REX. Buste lauré et cuirassé à g.; dessous, A. ℟. + SIT. NOMEN. DNI. BENEDIC. M.D.LXI. Ecu entre deux C couronnés (manque à H.). Arg. TB. Extrêmement rare.

Voyez planche XII.

859 *Teston*. Buste lauré, cuirassé à g. ℟. Le précédent, daté MDLXII (10). Toulouse. Arg. TB.

860 *Demi-teston*. Mêmes types. MDLXXIII (13). Toulouse. Arg. TB.

861 *Teston*. Mêmes types, cuirasse damasquinée. MDLXV (12). La Rochelle. *Demi-teston*. 1569 (13). Poitiers. *Teston au K*. 1564 (15). Bayonne. Arg. — Ens. 3 p. B.

862 *Teston dit morveux*. CAROLVS IX. etc. Buste lauré à dr. ℟. SIT. etc. MDLXII. Ecu entre 2 C couronnés (20). Orléans. Arg. B. Rare.

863 *Teston*. CAROLVS. VIIII. etc. Buste barbu à g. ℟. SIT. etc. MDLXXV. Même type (25). Toulouse. Arg. TB.

864 *Essai du denier tournois*. + CAROLVS. VIIII. DG. FRAN. REX. Deux lis dans un trilobe. ℟. + SIT. etc. Croix dans un quadrilobe (38). Arg. TB. Rare.

Voyez planche XII.

865 *Double sol parisis.* 1568 (31). La Rochelle. *Sol parisis.* 1566 (43). Poitiers. *Liard au C.* 1566 (55). Paris. Bill. — Ens. 3 p. B. et TB.

866 **Henri III.** *Ecu d'or.* HENRICVS. III. etc. Ecu timbré d'un soleil. ℞. + CHRISTVS. etc. 1580. Croix tortillée (6). Rouen. Or. B.

867 *Teston.* Buste lauré, fraisé et cuirassé à dr. ℞. + SIT. etc. MDLXXVI. Ecu entre 2 H couronnés (8). Toulouse. Arg. TB.

868 — Même pièce variée, datée 1575 (9). Bayonne. Arg. TB.

869 *Franc.* HENRICVS III. etc. Buste lauré à col rabattu, à dr.; dessous, 1586. ℞. SIT. etc. Croix fleuronnée (20). Toulouse. Arg. TB.

870 *Demi-franc.* Mêmes types, avec 1587 (23). Poitiers. Arg. T.B.

871 *Quart de teston.* Mêmes types, 1590 (24). Toulouse. Arg. TB.

872 *Franc.* Buste lauré, fraisé et cuirassé à dr.; 1582. ℞. Le précédent (25). Toulouse. Arg. Très beau.

873 *Quart d'écu.* Écu accosté de II-II. ℞. + SIT. etc. 1587. Croix (28). Poitiers. Arg. Très beau.

874 *Quart d'écu.* 1581 (29). St-Pourçain. *Huitième d'écu.* 1583 (31). Limoges. Arg. — Ens. 2 p. B. et TB.

875 *Gros de Nesle.* HENRICVS. etc. La lég. terminée par une croisette et une clef. H couronné entre 3 lis. ℞. + SIT. etc. 1585. Croisette fleurdelisée (36). Bill. TB. Rare.

876 *Demi-gros de Nesle* (38). Lyon. Bill. TB.

877 *Denier tournois.* + HENRI. III. R. DE FRAN. E. POL. Buste lauré. ℞. DENIER. TOVRNOIS. 1587. S. Deux lis et L (68 variété). Bayonne. Cuivre doré. Essai ? TB.

Voyez planche XII.

878 *Douzain.* 1577 (42). Poitiers. *Liard au Dauphin.* 1587 (53 varié). Grenoble. Bill. *Double tournois.* 1580. Poitiers. *Denier tournois* (58). Paris. Cuivre. — Ens. 4 p. TB.

879 **Charles X.** *Quart d'écu.* Type ordinaire. 1594 (8). Dinan. Arg. TB.

880 *Huitième d'écu.* 1590 (10). Paris. *Douzain.* 1593 (12). Dijon. Bill. *Double tournois.* 1596 (16). Dijon. Cuivre. — Ens. 3 p. B.

881 **Henri IV.** *Quart d'écu.* 1610 (13). Nantes. *Quart d'écu du Dauphiné.* 1605 (26). Grenoble. Arg. — Ens. 2 p. B. et TB.

882 *Quart d'écu.* + HENRICVS. etc. 1591. Croix. ℞. SIT. etc. Ecu (23). Paris. Arg. FDC. Rare.

883 *Huitième d'écu.* Mêmes types. 1594 (24). Rouen. Arg. Très beau.

884 *Quart d'écu.* Mêmes types, 1605. Rennes. Arg. TB.

885 *Quart d'écu.* Variété. Croix terminée par des couronnelles. 1605 (17) Saint-Lô. Arg. Très beau.

886 *Quart d'écu de Navarre.* Ecu parti. 1599 (29) Arg. Très beau.

887 *Huitième d'écu de Navarre.* Même type. 1603 (31). Ecu parti. Arg. TB.

888 *Quart d'écu de Navarre-Béarn.* 1607 (32). *Huitième.* 1607 (33). Arg. — Ens. 2 p. B.

889 *Demi-franc.* Buste lauré et cuirassé à dr. ℞. 1594. Croix feuillue (34). Bordeaux. Arg. B.

890 — Variété. 1604 (38). Toulouse. Arg. TB.

891 *Quart de franc.* Mêmes types. 1605 (39). Rouen. Arg. B.

892 *Demi-franc.* Buste varié. 1601 (47). Toulouse. Arg. TB.

893 *Piéfort du demi-franc.* Buste lauré et cuirassé; dessous, 1607. ℞. Type ordinaire. Sur la tranche, en relief : PERENNITATI. PRINCIPIS. GALLIÆ. RESTITVTORIS (52). Paris. Arg. B. Rare.

894 *Douzain de Navarre.* Croix cantonnée de 2 couronnes et 2 lis. ℞. Ecu parti. 1590 (65). Bill. TB. Rare.

895 *Piéfort du double tournois.* 1607 (76). Paris. *Double tournois.* 1606. Paris. *Denier tournois.* 1610. Paris. Cuivre. — Ens. 3 p. B.

896 **Louis XIII.** *Ecu d'or.* LVDOVICVS. XIII. etc. Ecu. ℞. CHRISTVS. etc. 1634. Croix tortillée (6). Paris. Or. Très beau.

897 *Louis.* LVD. XIII. etc. Tête laurée à dr. avec mèche courte. 1640. ℞. CHRS. etc. Croix de quatre doubles L couronnés (22). Paris. Or. FDC.

898 — Variété. Tête laurée avec mèche longue. 1641. Paris. Or. FDC.

899 *Demi-louis.* Même type. 1641 (24). Paris. Or. FDC.

900 *Quart d'écu.* 1643 (30). Toulouse. Arg. TB.

901 — 1642 (43). Rennes. Arg. TB.

902 *Quart d'écu de Navarre-Béarn.* 1610 (47). *Huitième.* 1615 (48). Arg. — Ens. 2 p. TB.

903 *Huitième d'écu.* 1626 (33). Bayonne. *Huitième d'écu de Navarre.* 1614 (50). Arg. — Ens. 2 p. TB.

904 *Demi-franc.* Buste lauré et fraisé à dr. ℞. L au centre de 4 fleurons. 1615 (68). Saint Lô. Arg. TB.

905 *Quart de franc.* + LVDOVICVS. XIII. D. G. FRAN. ET. NAV. REX. Buste nu et fraisé à dr. ℞. SIT. etc. 1615. Croix fleuronnée (manque à H.). Paris. Arg. TB. Rare.

906 *Demi-franc.* Buste lauré à col rabattu à dr. ℞. Le précédent varié. 1629 (72). Bayonne. Arg. TB.

907 *Quart de franc.* Mêmes types. 1638 (73). Toulouse. Arg. B.

908 *Louis de 60 sols.* LVDOVICVS. etc. Buste lauré à dr., les épaules drapées. ℞. SIT. etc. 1642. Ecu couronné (87). Paris. Arg. Très belle pièce.
909 *Louis de 30 sols.* Même type. 1642 (88). Paris. Arg. Très beau.
910 *Louis de 15 sols.* 1642 (89). Paris. *Louis de 5 sols.* 1642 (90). Paris. Arg. — Ens. 2 p. TB.
911 *Louis de 60 sols.* Buste lauré à droite avec cuirasse et draperie. ℞. Le précédent. 1643 (91). Paris. Arg. Très beau.
912 — La même pièce. 1643 (91). Lyon. Arg. B. Rare.
913 *Louis de 30 sols.* Même type. 1643 (94). Paris. Arg. TB.
914 *Louis de 15 sols.* 1643 (97). Paris. *Louis de 5 sols.* 1643 (100). Paris. Arg. — Ens. 2 p. TB.
915 *XV deniers.* LVD. XIII. etc. Ecu accosté de 2 L. ℞. + SIT. etc. 1625. Croix cantonée de 2 lis et 2 couronnelles (115). Paris. Arg. TB. Rare.
916 *Sol de 18 deniers.* 1641 (109). Paris. Bill. *Double tournois.* 1611, 1615, 1643. *Seiseno de Barcelone* 1642 (152). Cuivre. — Ens. 5 p. B.
917 **Louis XIV**. *Louis d'or.* LVD. XIIII. etc. Tête laurée à dr., mèche longue. 1642. ℞. CHRS. etc. Croix de quatre doubles L couronnés (12). Rouen. Or. FDC.
918 — Tête juvénile laurée. 1669 (22). Lyon. Or. FDC.
919 — Tête nue à longs cheveux. 1670 (26). Paris. Or. Très beau.
920 — Tête laurée vieillie, avec perruque à longues boucles. ℞. SIT. etc. 1690. Ecu (29). Paris. Or. FDC.
921 *Demi-louis.* Mêmes types. 1691 (30). Limoges. Or. TB.
922 *Double louis.* Tête laurée; dessous, 1695. ℞. CHRS. etc. Quatre lis couronnés en croix et quatre L dans les angles (32). Bayonne. Or. B.
923 *Louis.* Mêmes types. 1695 (33). Lyon. Or. TB.
924 *Demi-louis.* Tête laurée; dessous, 1701. ℞. CHRS. etc. Croix de huit L couronnés, brochant sur le sceptre et la main de justice (37). Paris. Or. B.
925 *Double louis.* Tête laurée, dessous L. 1712. ℞. CHRS. etc. Huit L couronnés formant une croix cantonnée de lis; en cœur, un soleil (41). Bayonne. Or. TB.
926 *Louis.* Mêmes types. 1710 (42). Besançon. Or. FDC.
927 *Demi-louis.* Même type. 1711 (43). Besançon. Or. FDC.
928 *Quart d'écu.* Type ordinaire. 1646 (44). Angers. Arg. TB.
929 *Huitième d'écu.* 1645 (45). *Quart.* 1645 (48). Nantes. *Huitième.* 1646 (49). Poitiers. Arg. — Ens. 3 p. B.

930 *Quart d'écu de Navarre.* 1650 (51). *Huitième* (62). Arg. — Ens. 2 p. TB.

931 *Quart d'écu de Navarre-Béarn.* 1643 (53). Arg. TB.

932 *Ecu blanc de 60 sols.* Buste enfantin lauré et cuirassé, mèche courte. 1644 (55). Paris. Arg. TB.

933 *Demi-écu blanc.* Même type. 1645 (59). Paris. Arg. TB.

934 *Quart d'écu blanc.* 1644 (61). Paris. *Douzième.* 1643 (63). Paris. Arg. — Ens. 2 p. TB.

935 *Trente deniers.* LVD. XIIII. Buste lauré. ℟ Ecu (69). Paris. Arg. TB.

936 *Quinze deniers.* Mêmes types. 1644 (70). Paris. Arg. TB.

937 *Ecu blanc.* Même buste avec mèche longue. ℟. Le précédent 1651 (74). Paris. Arg. TB.

938 *Demi-écu blanc.* Mêmes types. 1647 (74). Arg. TB.

939 *Ecu blanc de Navarre.* Même droit. ℟. + SIT. etc. 1660. Ecu parti (79). Arg. B.

940 *Ecu de Navarre-Béarn.* Même droit. ℟. SIT. etc. 1650. Ecu parti, le 2e coupé (83). Arg. B.

941 *Ecu blanc.* Buste juvénile lauré et drapé. ℟. SIT. etc. 1666. Ecu (102). Aix. Arg. TB.

942 *Demi-écu blanc.* Mêmes types. 1659 (103). Rouen. Arg. TB.

943 *Quart d'écu blanc.* Mêmes types. 1666 (104). Paris. Arg. TB.

944 *Douzième d'écu blanc.* Mêmes types. 1665 (105). Paris. Arg. TB.

945 *Quatre sols.* 1674 (106). Lyon. *Deux sols.* 1675 (107). Arg. — Ens. 2 p. TB.

946 *Ecu du Parlement.* Buste cuirassé avec perruque frisée et cravate brodée. ℟. SIT. etc. 1680. Ecu (113). Rennes. Arg. TB.

947 *Demi-écu du Parlement.* Mêmes types. 1679 (114). Lyon. Arg. TB.

948 *Douzième d'écu du Parlement.* Mêmes types. 1681 (116). Paris. Arg. FDC. Rare. *Voyez planche XII.*

949 *Ecu Carambole.* LVDOVICVS. etc. Buste drapé. ℟. SIT. etc. 1686. Ecu écartelé de France et de Bourgogne (128). Lille. Arg. B.

950 *Demi-écu Carambole.* LVD. etc. Mêmes types. 1685 (129). Paris. Arg. TB.

951 *Quart d'écu Carambole.* Mêmes types. 1686 (130). Lille. Arg. TB.

952 *Huitième d'écu Carambole.* Mêmes types. 1686 (131). Lille. Arg. TB.

953 *Seizième d'écu Carambole.* Mêmes types. 1686 (132). Lille. Arg. TB.

954 *Ecu aux huit L.* Buste drapé. 1692. ℟. CHRS. etc. Croix de quatre doubles L, cantonnée de quatre lis (133). Rennes. Arg. TB.

955 *Demi-écu aux huit L.* Mêmes types. 1690 (134). Montpellier. Arg. TB.

956 *Quart d'écu aux huit L.* 1691 (135). Tours. *Douzième.* 1691 (136). Paris. *Quatre sols.* 1691 (138). Arg. — Ens. 3 p. TB.

957 *Ecu aux palmes.* Buste cuirassé à la romaine. ℟. SIT. etc. 1698. Ecu rond entre deux palmes (140). Paris. Arg. TB.

958 *Demi-écu aux palmes.* Mêmes types. 1694 (141). Paris. Arg. TB.

959 *Quart d'écu aux palmes.* 1694 (142). Bourges. *Douzième.* 1694 (143). Nantes. Arg. — Ens. 2 p. B.

960 *Ecu aux insignes.* Même droit. ℟. SIT. etc. 1702. Ecu rond brochant sur le sceptre et la main de justice (153). Paris. Arg. B.

961 *Demi-écu aux insignes.* Mêmes types. 1702 (154). Paris. Arg. TB.

962 *Quart d'écu aux insignes.* 1702 (155). Rennes. *Douzième.* 1703 (156). Paris. Arg. — Ens. 2 p. B.

963 *Dix sols tournois.* 1702 (169). Strasbourg. *Vingt sols.* 1707 (171). Nantes. *Dix sols.* 1704 (172). Paris. *Cinq sols.* 1704 (173). Strasbourg. Arg. — Ens. 4 p. TB.

964 *Écu aux huit L.* Buste cuirassé. ℟. SIT. etc. 1704. Huit L couronnés en croix et cantonnés de quatre lis (174). Arg. B.

965 *Demi-écu aux huit L.* Mêmes types. 1704 (175). Paris. Arg. TB.

966 *Quart d'écu aux huit L.* 1704 (176). *Huitième d'écu aux huit L.* 1704 (177). Lyon. Arg. — Ens. 2 p. B.

967 *Écu aux trois couronnes.* Buste cuirassé. ℟. SIT. etc. 1709. Trois couronnes en triangle, séparées par des lis (187). Paris. Arg. TB.

968 *Demi-écu aux trois couronnes.* 1710 (189). Paris. *Dixième.* 1710 (191). Paris. Arg. — Ens. 2 p. B. et TB.

969 *Vingtième d'écu aux trois couronnes.* 1710 (192). Lyon. Arg. B. Rare.

970 *Sol de 15 deniers.* 1695. *Seize deniers.* 1709. Bill. *Denier.* 1649. *Liard.* 1656. *Seizain de Barcelone.* 1646. *20 sols* du siège de Lille. 1708. Cuivre. — Ens. 6 p. B.

971 *Foire de Beaucaire, 15 sols.* LVD. XIIII. D. G. FR. ET. NAV. REX. Buste lauré et drapé à dr. ℟. En 6 lignes : FAIT LA MARQVE BONNE PANDANT LA FOIRE EN MARCHANDISE. POVR 15.S. (255). Cuivre. B. Très rare.

972 *Strasbourg.* MONETA. NOVA. ARGENTINENSIS. Lis épanoui. ℟. GLORIA. IN. EXCELSIS. DEO. Dans le champ, XXX. SOLS. 1683 (275). Arg. TB.

973 *Demi-écu.* Même lis. ℟. SIT. etc. 1694. Ecu aux palmes (281). Arg. TB.

974 *Trente-trois sols.* 1705. Écu cerné d'une palme et d'une branche de laurier. ℟. Épée et main de justice croisées (286). Arg. TB.

975 *Quarante sols.* LVD. etc. Buste à dr. ℟. MONETA. NOVA. ARGENTINENSIS. 1711. Écu de France (287). Arg. B.

976 **Louis XV.** *Louis à la croix de Malte.* LVD. XV. etc. 1719. Tête jeune laurée. ℟. CHRISTVS etc. Croix de Malte (9). Lille. Or. TB.

977 *Louis aux deux L couronnés.* LUD. etc. Même tête. 1722. ℟. CHRISTUS. etc. Deux L adossés sous une couronne entre trois lis (11). Or. FDC.

978 *Louis mirliton.* Buste lauré. 1723. ℟. CHRS. etc. Deux L cursifs enlacés, couronnés et cernés de palmes (14). Rennes. Or. FDC.

979 *Louis aux lunettes.* LUD. etc. Buste drapé à g. ℟. CHRS. etc. 1735. Ecu de France et de Navarre ovales, sommés d'une couronne (16). Toulouse. Or. FDC.

980 *Demi-louis aux lunettes.* Même type. Paris 1732 (17). Or. FDC.

981 *Louis au bandeau.* Tête à g. ceinte d'un bandeau. ℟. Le précédent. 1747 (19). Amiens. Or. FDC.

982 *Double louis.* Tête laurée à g. ℟. Le précédent. 1772 (21). Pau. Or. FDC. Rare.

983 *Ecu vertugadin.* LVD. etc. Buste enfantin drapé à dr. ℟. SIT. etc. 1716. Ecu rond (27). Besançon. Arg. TB.

984 *Demi-écu vertugadin.* Mêmes types. 1716 (28). Aix. Arg. TB.

985 *Quart d'écu vertugadin.* Mêmes types. 1716 (29). Aix. Arg. TB.

986 *Dixième d'écu vertugadin.* 1716 (30). Dijon. *Petit Louis d'argent.* 1720 (33). Paris. Arg. — Ens. 2 p. TB.

987 *Ecu de Navarre.* Buste lauré et drapé. ℟. SIT. etc. 1718. Ecu écartelé (34). Paris. Arg. FDC.

988 *Demi-écu de Navarre.* Mêmes types. 1718 (35). Grenoble. Arg. FDC.

989 *Quart d'écu de Navarre.* 1718 (36). Lyon. *Dixième.* 1718 (37). Strasbourg. *20 sols de Navarre.* 1719 (38). Paris. *10 sols.* 1719 (39). Metz. Arg. — Ens. 4 p. TB.

990 *Ecu de 9 livres.* LUD. etc. Buste lauré et drapé. ℟. SIT. etc. 1724. Ecu (40). Amiens. Arg. FDC.

991 *Tiers d'écu.* 1720 (42). Amiens. *Sixième d'écu.* 1721 (43). Montpellier. *Douzième.* 1722 (44). Lyon. Arg. — Ens. 3 p. TB.

992 *Ecu aux huit L.* Buste lauré et cuirassé. ℟. SIT. etc. 1723. Croix formée de quatre lis couronnés, cantonnée de quatre doubles L (45). Lille. Arg. TB.

993 *Demi-écu aux huit L.* Mêmes types. 1725 (46). Rouen. Arg. FDC.

994 *Quart d'écu aux huit L.* Mêmes types. 1725 (47). Strasbourg. Arg. FDC.

995 *Huitième d'écu aux huit L.* Mêmes types. 1725 (48). Troyes. Arg. B.

996 *Seizième d'écu aux huit L.* Mêmes types. 1725 (69). Besançon. Arg. B.

997 *Ecu aux lauriers.* Buste cuirassé à g. ℞. SIT. etc. 1726. Ecu ovale cerné de lauriers (50). Nantes. Arg. TB.

998 *Demi-écu aux lauriers.* Mêmes types. 1729 (51). Tours. Arg. TB.

999 *Cinquième d'écu aux lauriers.* 1726 (52). Orléans. *Dixième.* 1728 (53). Tours. *Vingtième.* 1730 (54). Pau. Arg. — Ens. 3 p. B.

1000 *Ecu au bandeau.* Tête à g. ceinte d'un bandeau. ℞. SIT. etc. 1768. Même écu (56). Paris. Arg. TB.

1001 *Petit écu au bandeau.* Mêmes types. 1747 (58). Lyon. Arg. TB.

1002 *24 sols.* 1736 (59). Besançon. *12 sols.* 1767 (60). Troyes. *6 sols.* 1762 (61). Troyes. Arg. — Ens. 3 p. TB.

1003 *Ecu de 6 livres.* Buste lauré à g. ℞. SIT. etc. 1774. Même écu (62). Bayonne. Arg. TB.

1004 *Ecu de trois livres.* Mêmes types. 1772 (64). Bayonne. Arg. FDC. Très rare.

1005 *24 sols.* 1772 (65). Bayonne. *12 sols.* 1771 (66). Paris. *6 sols.* 1779 (67). Paris. Arg. — Ens. 3 p. TB.

1006 *Double sol.* 1762. *Sol.* 1720. *Demi-sol.* 1721. *Liard.* 1768. Cuivre. *Livre de la Cie des Indes.* 1720 (84). Paris. Arg. — Ens. 5 p. B. et TB.

1007 **Louis XVI.** *Double louis aux lunettes.* LUD. XVI. etc. Buste habillé à g. ℞. CHRS. etc. 1775. Ecus ovales de France et de Navarre sous une couronne (2). Limoges. Or. TB.

1008 *Louis aux lunettes.* Mêmes types. 1779 (3). La Rochelle. Or. FDC.

1009 *Ecu de six livres.* Buste habillé à g. ℞. SIT. etc. 1790. Ecu ovale cerné de lauriers (11). Paris. Arg. TB.

1010 *Petit écu.* Mêmes types. 1791 (13). Paris. Arg. TB.

1011 *24 sols.* 1787 (14). Orléans. *12 sols.* 1780 (15). Paris. *6 sols.* 1783 (16). Paris. Arg. *Sol.* 1791. *Demi-sol.* 1788. *Liard.* 1779. Cuivre — Ens. 6 p. TB.

1012 *Essai de l'écu de Calonne.* LUD. etc. Buste lauré à g. signé J. P. DROZ. F. ℞. SIT. etc. 1786. Deux L cursifs, formés d'une palme et d'une branche de laurier, renfermant 3 lis et sommés d'une couronne. Sur la tranche, DOMINE SALVUM FAC REGEM (37). Paris. Arg. TB. Rare.

1013 — Le même, de frappe postérieure. Arg. FDC.

DE LA RÉVOLUTION A NOS JOURS

1014 *Ecu constitutionnel.* LOUIS XVI etc. 1792. Tête à g. ℞. RÈGNE DE LA LOI. Génie écrivant à dr., entre un faisceau et un coq (60). Paris Arg. TB.

1015 *Petit écu.* 1792 (62). Paris. *30 sols.* 1791 (63). Limoges. *15 sols.* 1791 (65). Paris. Arg. — Ens. 3 p. TB.

1016 *2 sols.* 1792. *Pièce d'essai.* 1793. *Monnerons.* 3 p. variées. *Sol, décime, 5 centimes, centime, bouton.* 5 p. Cuivre. — Ens. 10 p. TB.

1017 **République.** *Vingt-quatre livres.* RÈGNE DE LA LOI. 1793 Génie. ℞. RÉPUBLIQUE FRANÇAISE. Couronne de chêne; au bas, AN II. Paris. Or. TB.

1018 *Six livres.* Mêmes types. 1793 et SIX LIVRES A dans la couronne. Arg. TB.

1019 *Cinq francs.* UNION ET FORCE. Type d'Hercule. ℞. Couronne. An 5. Paris. Arg. TB.

1020 *Essai de Gatteaux.* Dans le champ : PIÈCE FRAPPÉE EN VIROLE PLEINE PAR UN NOUVEAU PROCÉDÉ ℞. PRÉSENTÉ A L'ADMIMISTRATION DES MONNAIES PAR M^D^ GATTEAUX SERR^ER^ MECHAN^EN^ DE L'ADM^ON^. AN DIX. Cuivre. Tranche inscrite. TB.

1021 **Consulat et Empire** *5 francs.* Tête de Bonaparte à dr. An XI. Paris. Arg. TB.

1022 *Franc.* An 12. Paris. *Demi-franc.* An 12. Marseille. *Quart.* An 12. Paris. Arg. — Ens. 3 p. TB.

1023 *40 francs.* Tête nue de Napoléon à g. 1806. Paris. Or. TB.

1024 *5 francs.* Tête de Napoléon à dr. An 12. Paris. Arg. TB.

1025 *Franc.* Même type. An 12. Paris. Arg. FDC.

1026 *5 francs.* Tête variée à dr. An 13. Bayonne. Arg. TB.

1027 — Tête laurée à dr. 1813. Rouen. Arg. TB.

1028 — Même pièce. 1815. Paris. Arg. TB.

1029 *2 francs.* An 13. Paris. *Franc.* 1808. Paris. *Demi.* 1811. Paris. *Quart.* 1807. Paris. Arg. — Ens. 4 p. TB. et FDC.

1030 *Napoléon roi d'Italie.* 5 Lire. 1812. Tête à dr. ℞. Armes d'Italie. Milan. Arg. TB.

1031 *Joseph-Napoléon, Roi des Deux-Siciles.* 120 grana. Tête à g. ℞. Armes. 1808. Arg. TB.

1032 *Joseph-Napoléon, Roi d'Espagne.* Once. 1810. Tête à g., ceinte d'un bandeau. ℞. 320-RS. Armes d'Espagne. Or. Très belle.

1033 80 Réaux. 1809. Tête nue à g. ℞. Armes. Or. TB.

1034 — 1813. Tête à g. avec bandeau. ℞. Le même. Or. TB.

1035 20 Réaux. 1818. Buste nu à g. ℞. Le même. Arg. TB.

1036 *Barcelone.* 20 pesetas. 1812. Ecu en losange. Or. TB.

1037 5 pesetas. 1812. Même type. Arg. TB.

1038 *Louis-Napoléon, Roi de Hollande.* Ducat. Tête à g. ℞. 1808. Chevalier à dr. Or. FDC.

1039 — Même tête. ℞. 1809. Armes de Hollande. Or. TB.

1040 50 stuyvers. Tête nue à dr. ℞. 1808. Mêmes armes. Arg. FDC.

1041 *Jérôme-Napoléon, Roi de Westphalie.* 20 francs. Tête laurée à g. ℞. 1809. Couronne. Or. TB.

1042 Thaler des mines. 1811. Tête laurée à dr. ℞. Légende dans le champ. Arg. TB.

1043 *Joachim Murat, Roi des Deux-Siciles.* 20 lire. 1813. Tête nue à g. Or. TB.

1044 Douze carlins. 1810. Tête à g. Arg. TB.

1045 *Marie-Louise, Duchesse de Parme.* 5 lire. 1832. Tête à g. ℞. Armes. Arg. TB.

1046 2 lire. 1815. Lira. 1818. Arg. — Ens. 2 p. TB.

1047 *Charles Dalberg, Primat.* Ducat. CAROLUS D. G. S. S. R. ARCHIEP. Buste à dr. ℞. PRINC PRIMAS CONFŒD RHENAN. 1809. Armes de Mayence. Or. FDC.

1048 **Louis XVIII**. *20 francs.* 1814. Buste habillé à dr. Paris. Or. FDC.

1049 *5 francs.* 1822. Tête à g. Paris. Arg. TB.

1050 *2 francs.* 1823. Lille. *Franc.* 1816. Paris. Arg. — Ens. 2 p. TB.

1051 **Charles X**. *5 francs.* 1827. Tête à g. Paris. Arg. TB.

1052 *2 Francs.* 1829. Lille. *Franc.* 1829. Paris. *Demi.* 1827. Paris. *Quart.* 1828. Arg. — Ens. 4 p. TB.

1053 **Henri V**. *Essai de 5 francs.* Buste à g. avec épaulettes. ℞. 1831. Ecu. Sur la tranche, en creux, DOMINE. etc. Arg. FDC.

1054 **Louis-Philippe**. *5 francs.* 1830. Tête nue à dr. avec LOUIS PHILIPPE Tranche en relief. Paris. Arg. FDC.

1055 — Autre. 1830. Tranche en creux. Lille. Arg. TB.

1056 — Variété. 1830. Tête nue avec LOUIS PHILIPPE I. Tranche en relief. Paris. Arg. FDC.

1057 — Autre. 1830. Tranche en creux. Paris. Arg. TB.

1058 — 1848. Tête couronnée de chêne. Paris. Arg. TB.

1059 *2 Francs.* 1834. Nantes. *Franc.* 1847. Paris. *Demi.* 1837. Rouen. *Quart.* 1831. Rouen. Arg. — Ens. 4 p. TB.

1060 *Franc.* 1831. Rouen. *50 cent.* 1847. Paris. *25 cent.* 1848. Paris. Arg. — Ens. 3 p. TB.

1061 **IIe République.** *Essais de 20 francs.* RÉPUBLIQUE FRANÇAISE. Buste lauré à dr., les cheveux ondulés entourant le cou, signé P. BOIVIN. ℟. LIBERTÉ ÉGALITÉ FRATERNITÉ. Dans une couronne de lauriers et de chêne, 20 FRANCS 1848. Sur la tranche, DIEU PROTÈGE LA FRANCE, en relief. Or. FDC. Très rare.

1062 — Même lég. Buste lauré à dr. avec mèches calamistrées sur le cou, signé DIEUDONNE. ℟. Même devise. Dans une couronne de chêne et de laurier, 20 FRANCS; dessous, 1848. Même tranche. Or. FDC. Très rare.

1063 — Même lég. Tête laurée à dr. avec chignon et pendant d'oreille en forme de niveau, signée L. LECLERC. ℟. Le précédent varié; une grenade à la jonction des deux branches. Même tranche. Or. FDC. Très rare.

1064 — Même lég. Tête couronnée de chêne et d'épis à dr., sur une branche d'olivier et une corne d'abondance, signée M (Malbet). ℟. Même devise. Dans une couronne mi-partie, 20 FRANCS 1849. Même tranche. Or. Très belle et très rare.

1065 — Même lég. Buste couronné de laurier et de chêne à dr., les cheveux longs tombant sur la poitrine drapée; dessous, une Foi, signé MONTAGNY. ℟. Même devise. Dans une couronne de chêne et de laurier, 20 FRANCS 1848. Tranche lisse. Or. Très belle. Rare.

1066 — Même lég. Tête laurée et diadémée à dr., signée E. ROGAT. ℟. Le précédent varié. Tranche lisse. Or. FDC. Très rare.

1067 *Essais de 5 francs.* RÉPUBLIQUE FRANÇAISE. Tête à g., le casque couronné de chêne et surmonté d'un coq, signée F. ALARD. ℟. LIBERTÉ ÉGALITÉ FRATERNITÉ. Dans une couronne, 5 FRANCS. 1848. Sur la tranche, DIEU PROTÈGE LA FRANCE. Arg. FDC. Rare.

1068 — Même lég. Buste lauré à g., les cheveux ondulant sur le cou, signé P. BOIVIN. ℟. Le précédent varié. Même tranche. Arg. FDC. Rare.

1069 — Même lég. Tête à g. ceinte d'un bandeau portant 24 FÉVRIER 1848, entre une chaîne brisée et un niveau, signée BORREL. F. ℟. Le précédent varié. Même tranche. Arg. Très belle. Rare.

1070 — Même lég. Tête couronnée de chêne et d'épis sur un bonnet semé d'étoiles, signée CAUNOIS F. ℟. Type ordinaire varié. Même tranche. Arg. Très belle. Rare.

1071 — Même lég. Buste à g. couronné d'un coq et d'épis, signé DANTZELL F. ℟. Type ordinaire varié. Même tranche. FDC. Rare.

1072 — Même lég. Buste drapé et couronné de chêne à g., signé DESBOEUFS F. ℟. Type varié, 1848 sous la couronne. Même tranche. Arg. FDC. Rare.

1073 — Même lég. Tête couronnée de chêne à g., les cheveux calamistrés, signée DIEVDONNÉ F. ℟. Variété du précédent, 1848 sous la couronne. Même tranche. Arg. FDC. Rare.

1074 — Tête avec diadème triangulaire et couronne de chêne à g., un faisceau sur l'épaule, signée DOMARD. ℟. Type ordinaire, 1848 dans la couronne. Même tranche. Arg. FDC. Rare.

1075 — Même lég. Tête radiée et couronnée de chêne de face, signée E FAROCHON. ℟. Type ordinaire varié. Tranche lisse. Arg. FDC. Rare.

1076 — Tête couronnée de chêne à g.; devant, une hirondelle volant, signée E. FAROCHON. ℟. Le précédent. Tranche lisse. Arg. FDC. Rare.

1077 — Même lég. Tête laurée de face, la peau de lion au cou, signée GAYRARD. ℟. Sans devise. Dans une couronne, 5 FRANCS 1848. Tranche lisse. Arg. FDC. Rare.

1078 — Même lég. Tête laurée et couverte d'une peau de lion à g., sans signature (Gayrard). ℟. Devise et type ordinaire. Tranche lisse. Arg. FDC. Rare.

1079 — Même lég. Tête couronnée d'olivier à g., un niveau à l'oreille, signée L. LECLERC. ℟. LIBERTÉ ÉGALITÉ FRATERNITÉ. Faisceau et niveau dans une couronne avec 5-F: à l'exergue, 1848. Tranche inscrite. Arg. FDC. Rare.

1080 — Même lég. Tête diadémée et enrubannée à g. sur une branche de chêne, signée MAGNIADAS. ℟. Devise et type ordinaires. Tranche lisse. Arg. FDC. Rare.

1081 Même lég. Buste à longue chevelure couronné de chêne, signé MONTAGNY FECIT. ℟. Type ordinaire. 1848. Tranche lisse. Arg. FDC. Rare.

1082 — Même lég. Tête laurée et couronnée de chêne à g.; au-dessus niveau rayonnant, signée E. ROGAT. ℟. Type ordinaire. Tranche inscrite. Arg. FDC. Rare.

1083 — Même lég. Tête couronnée de laurier, de fleurs et d'épis à g., entre une chaine brisée et une Foi; dessous, un niveau, signée VAUTHIER GALLE F. ℟. Type ordinaire, mais la couronne est remplacée par une guirlande. Tranche inscrite. Arg. FDC. Rare.

1084 Même lég. Tête laurée et tourelée à g., signée VIVIER F. ℟. Devise ordinaire. Caducée en pal, accosté de 5-F sur deux branches de laurier et de chêne; au bas, 1848. Même tranche. Arg. FDC. Rare.

1085 5 *francs*. 1848. Type à l'Hercule, de Dupré. Paris. Arg. FDC.

1086 — 1849. La même pièce. Paris. Arg. FDC.

1087 — 1849. Tête de Cérès, par Oudiné. Paris. Arg. FDC.

1088 **Napoléon III.** *Cinq francs*. 1852. LOUIS NAPOLÉON BONAPARTE. Tête nue à g., dite à la mèche. Signée J. J. BARRE. Paris. Arg. FDC. Rare.

1089 — Type retouché, 1852. Signé BARRE. Paris. Arg. FDC.

1090 *Essai de 25 francs*. Sans lég. Tête laurée à g., signée BARRE. ℟. OR. UNION MONÉTAIRE. Dans le champ, 10 FLORINS 25 FRANCS; au bas, 1867. Tranche cannelée. Or. FDC. Très rare.

Voyez planche XII.

1091 5 *francs*. Tête nue à g., signée BOUVET F. ℟. Armes impériales. 1855. Paris. Arg. Très belle.

1092 — Tête laurée à g., signée BARRE. 1870. Strasbourg. Arg. Très belle.

1093 **IIIe République**. 5 *francs*. 1870. Tête de Cérès. Paris. Arg. Très belle.

1094 — Type à l'Hercule de Dupré, frappé pendant la Commune, 1871. Paris. Arg. FDC.

1095 Deux petits médailliers portatifs en acajou, en mauvais état, à vendre séparément.

AR 1
AR 2
AR 3
AR 4
AR 5
AR 13
AR 15
AR 17
AR 26
AR 18
AR 19
AR 25
AR 27
AR 28
AR 29
AR 30
AR 31
21 AR
AR 32
AR 35

AR 33
AR 36
AR 43
AR 37
AR 39
AR 40
AR 41
AR 42
AR 44
AR 45
AR 47
AR 48
AR 49
AR 46
AR 50

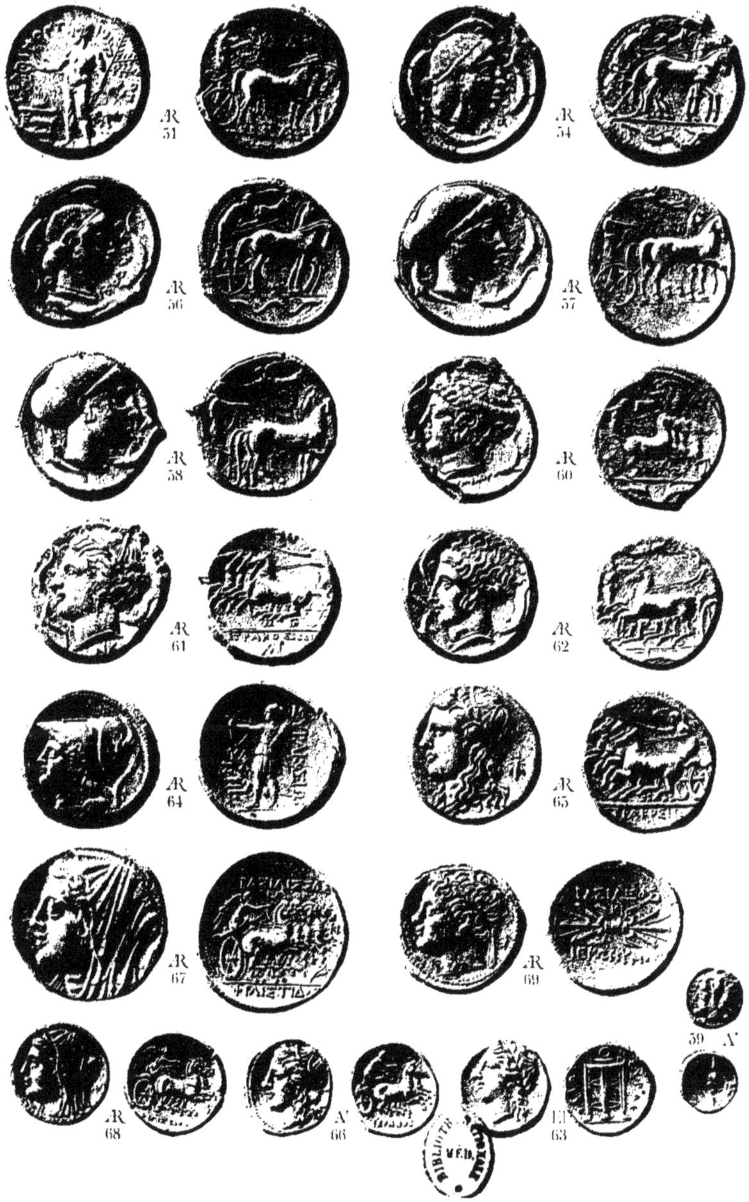

Etienne BOURGEY, Expert, 7, rue Drouot, Paris.

Etienne BOURGEY, Expert, 7, rue Drouot, Paris.

AR 107
AR 108
AR 111
AR 113
124 AR
AR 114
AR 116
126 AR
AR 121
AR 127
146 AR
AR 131
AR 140
142 AR
AR 141
747 AR
AR 130
AR 148
AR 135
AR 150

Étienne BOURGEY, Expert, 7, rue Drouot, Paris.

195 AR
AR 192
195 AR
AR 196
AR 197
AR 201
AR 202
AR 208
AR 210
AR 213
AR 227
AV 240
AR 226
AV 234
AV 230
AR 232
AV 233
214 AV
AR 237
AV 236

Planche VIII

Etienne BOURGEY, Expert, 7, rue Drouot, Paris.

AV 481
AR 482
AV 484
AV 488
AV 494
AV 498
AV 506
AV 507
AV 510
AV 515
AV 521
AV 526
AV 528
AR 529
AV 532
AV 536
AV 541
AV 549
AR 583
AR 587
AV 599
AR 625
AR 627
AV 628
AR 630
AV 633
AV 648

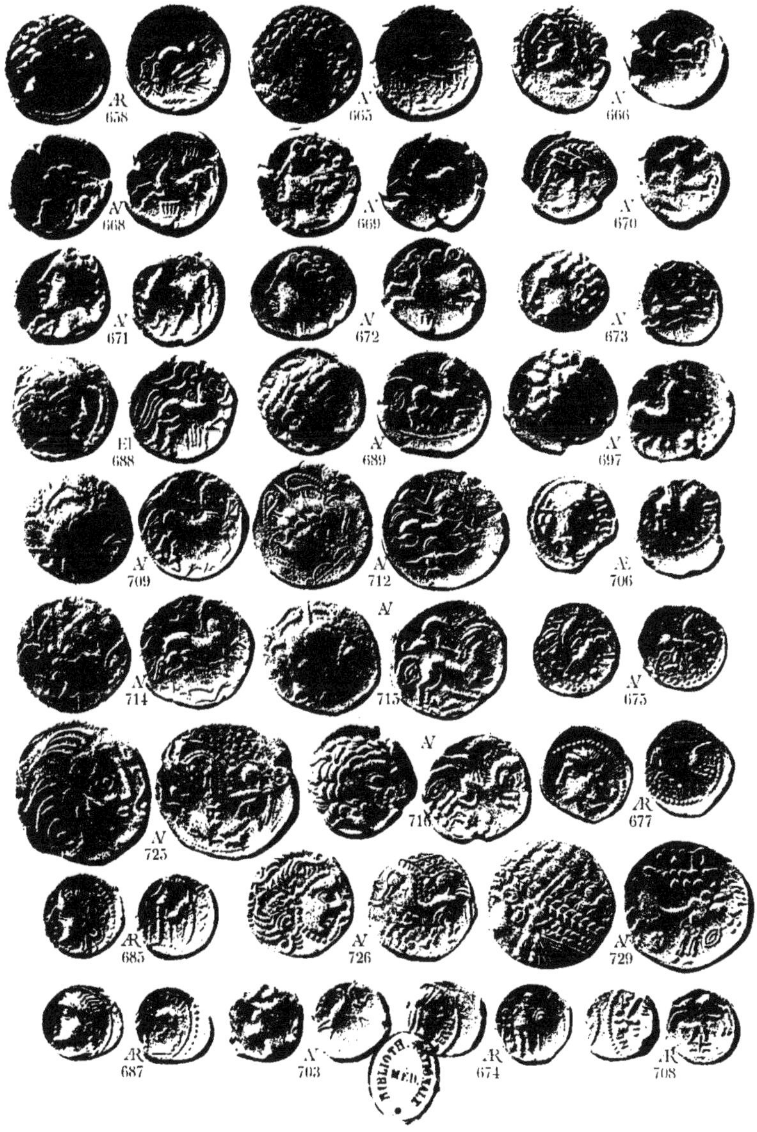
AR 658
AV 665
AV 666
AV 668
AV 669
AV 670
AV 671
AV 672
AV 673
El 688
AV 689
AV 697
AV 709
AV 712
Æ 706
AV 714
AV 715
AV 675
AV 725
AV 716
AR 677
AR 685
AV 726
AV 729
AR 687
AV 703
AR 674
AR 708

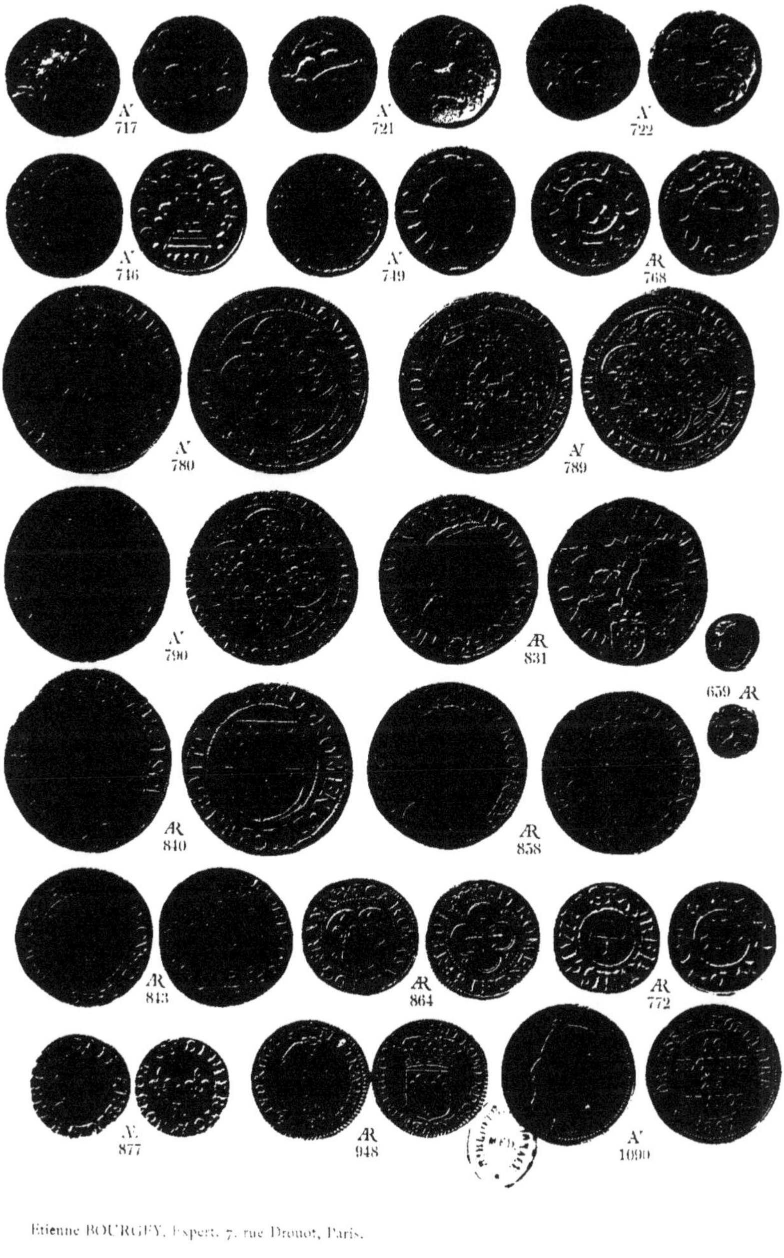

Phototypie Berthaud, Paris

NUMISMATIQUE — ARCHÉOLOGIE

ART ANCIEN

ÉTIENNE BOURGEY

7, *Rue Drouot (Téléphone 274-64)*

PARIS

Adresse Télégraphique : ETIENBOURG-PARIS.

Achat au comptant, et quelle qu'en soit l'importance, de trouvailles et collections de monnaies anciennes, jetons, médailles, etc.

Achat et vente d'antiquités romaines, gallo-romaines, grecques et égyptiennes, bronzes, statuettes, bijoux, etc.

MM. les amateurs auront intérêt, avant de se défaire de leur collection, à la présenter à M. Étienne Bourgey, qui fera toujours son possible pour donner un prix supérieur au prix déjà offert par les autres acheteurs.

Rédaction de catalogues, direction de ventes publiques, expertises.

IMPRIMERIE C. CHAUFOUR
8-10, RUE MILTON, PARIS

www.ingramcontent.com/pod-product-compliance
Ingram Content Group UK Ltd.
Pitfield, Milton Keynes, MK11 3LW, UK
UKHW021109290826
14628UKWH00014B/1401

9 782329 442389